苏东坡传
我只是个有趣的凡人

纪云裳 著

江苏凤凰文艺出版社

目录
contents

第一章：诗意盎然的年少时光 /001

001/ 有趣的灵魂，源自童年的馈赠

012/ 诗酒趁年华，少年的命运才刚刚开启

018/ 那一场刻骨铭心的暗恋

024/ 王弗刮开了一张头奖彩票

029/ 一举震惊文坛的年轻人

040/ 有笔头千字，胸中万卷，只待辅佐君王

第二章：锋芒毕露的青年心性 /049

049/ 向神仙论对错的凤翔府新官

061/ 生死离合，一如白云聚散

066/ 与"野狐精"王安石交手

076/ 外放杭州，霹雳手段与菩萨心肠兼具

085/ 西湖若梦，杭州处处似曾识

096/ 密州治贫救饥，百姓倾城随太守出猎

103/ 名声太高，黄楼唱和得意至极

第三章：洒脱澄明的御风闲人　　　　　　/ 112

112/ 乌台诗案：人生的至暗时刻

124/ 从政坛红人到东坡农夫

134/ 寒食帖，赤壁赋，一蓑烟雨任平生

144/ 猪肉颂，蜜酒歌，此心安处是吾乡

152/ 再见黄州，与李白在庐山"狭路相逢"

第四章：笑谈浮沉的逆旅行人　　　　　　/ 160

160/ "元祐锦鲤"苏东坡

168/ 西园雅集：鲜花着锦的京圈生活

175/ 一肚皮不合时宜

184/ 又见杭州：人生如逆旅，我亦是行人

193/ 不如归去，做一闲人

第五章：自有苍穹的元气老僧　　　　　　/ 203

203/ 从江南到岭南："佛系"是怎样炼成的

212/ 不辞长作岭南人：我有荔枝，你有酒吗？

221/ 朝云去后，再不听《蝶恋花》

230/ 在海南：戴椰子帽，煎茶，制墨，食牡蛎

238/ 天真不泯，诚觉世事尽可原谅

第一章：诗意盎然的年少时光

有趣的灵魂，源自童年的馈赠

马梦得与我同年同月生，也是个摩羯座，年纪只比我小八天。据我观察，咱们摩羯座都是命苦的人。但如果让我们两个来比谁更命苦的话，那梦得要称天下第二，我都不敢称天下第一。

在西蜀眉山境内，有一条岷江的支流，名字叫作玻璃江，江水在春夏季节因雨水冲洗山脉而变得浊黄似土，秋冬季节则澄莹如玉，碧波幽柔，两岸青山相对而出，山下就是风光秀丽的眉山小城。

苏东坡有诗句"吾家蜀江上，江水绿如蓝"，写的就是这条玻璃江，江边不远处有一座苏家老宅，那里莲叶田田，竹林幽深，就是他出生的地方。

眉山当地有一个传说——苏东坡出生的那一年，境内的彭老山无故草木枯萎，百花凋落，山水灵气尽失，一直到六十多年后，苏东坡离世之时，方才山色复青。

传说大多是民间编撰的，但也足以看出世人对苏东坡的喜爱，言下之意，无非是说苏东坡乃不世出之英才，让一方山水为之失色。

宋仁宗景祐三年十二月十九日（公元1037年1月8日），苏东坡出生了，准确地说，那个时候的他还叫苏轼。

小男婴的到来让他的父亲苏洵大喜过望，他赶紧到厅堂的张果老画像前拜了又拜，感谢张仙人眷顾，让他在结婚多年后，终于有了一个儿子。

关于儿子的名字，苏洵还专门写了一篇《名二子说》来解释："轼"，本义为车前当作扶手的横木，虽不是最为重要的部分，但如果少了这根横木，车子就不再完整。第二个儿子"苏辙"的"辙"也跟车子有关，指的是车轮留下的痕迹，对于车子而言，痕迹没有功劳，但万一车子遭遇不测，只有痕迹不会受到牵连。

另外，人们通常在驾车时会迎风扶轼，高瞻远瞩，也会依辙回首，思索经由，苏洵又给大儿子取字"子瞻"，给小儿子取字"子由"，寄望儿子们长大后能够有志向，有作为，同时希望他们含蓄内敛，能在福祸之间懂得保全。

对于这一点，苏洵就像天下许多的父亲一样，试图用取名的方式，在孩子的身上播下命运的种子。

当然，从作为方面来说，很值得欣慰，苏洵成功了，多年后，他和两个儿子并称"三苏"，其人名扬天下，其文流传千古，带给苏氏一脉绵绵福荫与荣耀……但从个性方面来看，还是有那么一些遗憾，那就是苏东坡终其一生都疏狂不羁，傲骨铮铮，从不知内敛和保全为何物，因此坎坷半世，颠沛无常，为朝堂政权所不容，被自身锋芒所误所伤。

然而，单从命理的角度来说，苏东坡个人倒是更愿意相信自己的星座。

当有一天，他经历了仕途的云谲波诡，感受了世事的载沉载浮，一个人好不容易从牢狱里捡回一条命，站在黄州的土地上仰望星空时，也忍不住在自己的日记本上唏嘘一笔：韩愈是摩羯座，我也是摩羯座，我们平生都遭遇过诽谤攻击，也收获过尊重赞誉，想想真是福祸相依，同病相怜啊！

> 退之诗云："我生之辰，月宿直斗。"乃知退之磨蝎（摩羯）为身宫，而仆乃以磨蝎为命，平生多得谤誉，殆是同病也。
>
> ——《东坡志林·退之平生多得谤誉》

那个时候的他，自然还不知道有一天会与韩愈一起名列"唐宋八大家"，如果他有预知未来的能力，想必会很高兴，可以与偶像及家人站在同一个梯队里。

不过，当时的他很快就想开了，又写了一则日记：对了，那马梦得与我同年同月生，也是个摩羯座，年纪只比我小八天。据我观察，咱们摩羯座都是命苦的人，而在这些人里面，我和梦得还是最最命苦的，但如果让我们两个来比谁更命苦的话，那梦得要称天下第二，我都不敢称天下第一。

> 马梦得与仆同岁月生，少仆八日。是岁生者，无富贵人，而仆与梦得为穷之冠。即吾二人而观之，当推梦得为首。
>
> ——《东坡志林·马梦得同岁》

于是一觉醒来后，他又可以乐呵呵地到东坡垦荒种地去了……

苏东坡喜欢韩愈，也喜欢白居易，而且韩愈和白居易都曾痴迷于丹药，不同的是，韩愈追求的是服用的效果，白居易钟情的只有制作的过程。

在黄州时，苏东坡也尝试过炼丹，其间，他想起了白居易，便在日记本的另一页写道：白居易建了一座庐山草堂，原来也是用来炼丹的，快要成功的时候，丹炉却坏了！但第二天，皇帝的聘书就到了。可见，做官与归隐这两件事不可兼得啊！我有辞职的想法很久了，可惜总是没法实现，估计也是因为我工作比较出色，呵呵。不过如今真的是一败涂地了！《尚书》里说："心怀梦想的人啊，老天爷一定会想着你。"我算是信了，这都是有征兆的，真的！

> 乐天作庐山草堂，盖亦烧丹也，欲成而炉鼎败。来日，忠州刺史除书到。乃知世间、出世间事，不两立也。仆有此志久矣，而终无成者，亦以世间事未败故也，今日真败矣。《书》曰："民之所欲，天必从之。"信而有征。
>
> ——《东坡志林·乐天烧丹》

白居易一生奉行"穷则独善其身，达则兼济天下"的人生信条，苏东坡也是心有戚戚焉，但既然不能在朝堂之上济天下，那就在流放之地善其身，慰其心吧。

咦？这么一琢磨，日子横竖都有盼头了呢？

可不是吗，命运这回事，有人选择抱怨，有人选择妥协，而他却可以拿来戏谑和自嘲。

不过窃以为，苏东坡天真豁达的个性，除了来自面对命运打击不断强化的过招拆招的能力之外，很大一部分是来源于家族的基因以及成长的馈赠。

苏东坡的祖父苏序就是一个"疏达不羁"的人。

苏序虽读书甚少，但气量甚伟，酒量也不错，且乐善好施、疾恶如仇、天真淳朴，浑身带着侠气。

苏东坡出生时，苏序已年过六旬，但他心宽体健，活得朝气蓬勃。在苏东坡的记忆中，祖父经常带着美酒到田野中去，席地而坐，呼朋唤友，上至达官贵人，下至贩夫走卒，或小酌畅谈，或高歌痛饮，尽情享受人生光阴。

当年，苏东坡一家还住在乡下，拥有一大片农田。但苏序不像其他乡邻一样在田里种植稻谷，而是全部种粟，更以稻谷换取别人家的粟，再将所有的粟用大仓储存起来，一年又一年，总共存了四千石（宋代一石约等于六十千克）。后来人们才知道，苏序那样做是为了预防饥荒，因为粟比稻谷更利于贮藏。不久后，饥荒真的到来了,那时苏序便打开了大仓,将粟免费分给亲友与穷人,让眉山人成功避过了老天爷布下的劫难。

眉山原来有一座大庙,村民们因惧怕庙中神像,经常出钱祈求平安。苏序看不惯,便乘着醉意带人将神像砸得稀烂,又拆了庙宇。而他不仅没有遭受一点灾祸,三年后,他的儿子还中了进士。

那一天,苏序正在外面喝酒吃肉,正酩酊大醉之际,突然传来喜讯,他的二儿子苏涣高中进士了。同时考中的还有他姻亲程家的孩子。程家是大户,准备大宴宾客,苏序却什么都没有准备。苏涣知道父亲的性格,便派人给父亲送来了官帽、官袍、手笏、交椅、茶壶。苏序很开心,朦胧着醉眼向朋友们宣读了文书,然后将文书和官帽、官袍等物一齐塞进布囊,手中的牛肉也塞进布囊,令一村童背着,跟在他身后,他自己则醉醺醺地骑着毛驴向城里走去,头上还戴着一顶小瓜帽,路人见状,都觉得这小老头儿太滑稽。程家人也看到了,他们感觉很没面子。但苏东坡不以为然,中年时,他和他的学生们谈起祖父的故事,声称但凡有见识的人都会明白,他祖父身上那种不可多得的品质。

祖父所有的美好品质都在苏东坡身上得到了传承——"无一事不快乐""表里洞达,豁然伟人也""性简易,无威仪,薄于为己而厚于为人,与人交,无贵贱皆得其欢心"……

读苏东坡的日记就会发现,他的可爱,比之祖父,更是有过之而无不及,他在患上眼疾时写道:我得了红眼病,有人说,你不能吃切得很细的鱼和肉。我倒是想这么做来着，而我的嘴巴不愿意啊！我的嘴巴说："我是你的嘴巴，他是你的眼睛，你可不能厚此薄彼啊，因为他得了病，就不让我吃东西，那也太不厚道了。"你看你看，我也是没办法了。

> 余患赤目，或言不可食脍。余欲听之，而口不可，曰：我与子为口，彼与子为眼，彼何厚，我何薄？以彼患而废我食，不可。
>
> ——《东坡志林·子瞻患赤眼》

的确，不管是得意还是落魄，苏东坡都不会辜负自己的嘴巴。

被贬惠州时，因为没有钱买羊肉吃，他就去买廉价的羊脊骨——没错，他就是"羊蝎子"的创始人。

羊脊骨买回家后，先用水煮透，再浇酒，撒盐，然后用炭火炙烤，细细翻动，伴随着吱吱作响的声音，待骨肉微焦，香气四溢的时候就可以开吃了……那滋味，自然是要写信跟弟弟炫耀一下：子由你这三年吃的是公款大餐，生活滋润，吃饭时满满的肉一口咬下去，已经看不到骨头，又怎么能品尝到这等世间美味呢？好在被我发现了。所以就给你写了封信，开玩笑归开玩笑，秘方却是真的实用，你要不要试试看？只是有点不好意思，我每次都忍不住把骨头上的肉啃光光，身边那几只狗就没有什么好脸色给我看了！

> 子由三年食堂庖，所食刍豢，没齿而不得骨，岂复知此味乎？戏书

> 此纸遗之，虽戏语，实可施用也。然此说行，则众狗不悦矣。

另外，苏东坡的朋友韩宗儒也好羊肉。

有一段时间，他经常给苏东坡写信，问这问那，来往信件越来越频繁。

后来终于有人告诉苏东坡："东晋的时候，王羲之用字和道士换鹅，现在，你的字也被人拿去换羊肉了！"

苏东坡听后却开怀大笑，他自己都不知道，原来短短的一封回信，可以在大城市换羊肉十几斤。

不久后，韩宗儒又馋羊肉了，便让仆人送信来，还催促苏东坡尽快回信。

苏东坡那天正好忙得很，没空回信，就告诉送信的仆人："你回去说，今天屠户休息，没肉吃了。"

这样的回复，真的很"苏东坡"……

也难怪苏辙要说他"见天下无一不好人"，果然是无可救药的乐天派啊！

而相比祖父苏序，苏东坡的父亲苏洵的性格则要沉稳得多。

"苏老泉，二十七，始发愤，读书籍"，《三字经》里的"苏老泉"就是苏洵（苏洵字明允，自号老泉）。

苏洵自小为人聪明，辩智过人，不过在二十七岁之前都没有认真读过书，人称"终日嬉游，不知有生死之悲"。一直到他的哥哥苏涣和程家的小舅子一起考中进士，儿子苏轼出生，他才开始立志苦读，后来虽未考取任何功名，但作为一代散文大家，他显然比他的哥哥和姻亲都更有名望。

所以算起来，父亲苏洵应该是苏东坡的启蒙老师。

在苏东坡的童年记忆里，学习方面，父亲是非常严厉的，他从不敢有丝毫懈怠，"夜梦嬉戏童子如，父师检责惊走书"，晚年时，他还常梦见父亲给他布置功课的情景，从诸子百家到史传，在父亲严格有方的引导和督促下，他十岁就能写出让老师惊叹的诗文：

"人能碎千金之璧，不能无失声于破釜，能搏猛虎，不能无变色于蜂虿……"

意为一个人可以像蔺相如一样手持和氏璧与强权抗争，也可以在打破一口锅的情况下失声尖叫，一个人可以与猛虎搏斗，也可以被野蜂、毒虫吓得惊慌失措。可见，有没有思想准备非常重要。

才华之余，辩智与机锋，已然显现。

在艺术方面，苏洵则喜欢弹琴，收藏古玩，有着一切文人的雅好。而身为艺术全才的苏东坡，就是在这样的环境里长大，耳濡目染之下，也对艺术产生了浓厚的兴趣，以至于多年之后，他看淡了浮名虚利，只想归去做一风月闲人，"对一张琴、一壶酒、一溪云"。

苏东坡的母亲程夫人出身眉山望族，自幼饱读诗书，性情温良贤淑，行事果敢，头脑睿智，是一个内心有着大格局的女子。

昔日苏洵决心考取功名，需要资金支持，她便带着家人搬到城中纱縠巷居住，然后典当首饰与嫁妆，雇人经营布料生意，在她的操持下，仅几年时间，苏家即成了当地的大户。

大约从苏东坡十岁的时候开始，苏洵的人生就开启了赶考加游历的模式，如此一来，两个儿子的家庭教育就全部落在了程夫人的身上。

《宋史》里记载了一篇与程夫人有关的逸事：

有一天，程夫人陪十岁的苏东坡一起读《后汉书·范滂传》。范滂是东汉名士，也是一个刚正高洁的官员，有澄清天下之志，然而却因受人排挤，陷入朝廷党争，必须用性命换取同僚的平安。赴死前，范滂与母亲诀别，希望母亲不要太过悲伤。怎料范母深明大义，反而宽慰范滂，告诉他一个人为自己的理想付出性命，不应有恨。

读完后，小东坡慨然叹息，便问母亲："如果我想成为范滂这样的人，母亲同意吗？"

程夫人打量着儿子，欣慰笑道："如果你可以成为范滂，我为什么不能成为范滂的母亲呢？"

程夫人还是一个虔诚的佛教徒，对待万物生灵都会心怀善念。

苏家庭院古木参天，绿竹猗猗，花草葳蕤，曾是鸟雀的乐园。"是时乌与雀，巢壳可俯拿"，在苏东坡的诗中，他与弟弟因受母亲善意的感召，小时候就经常给院中的小鸟们喂食。那些鸟雀也不怕人，它们把窝搭在低矮的树枝上，还会趁苏东坡读书的时候飞进房中，在他的书桌上叽叽喳喳，甚至把衔来的草籽丢进砚台里。

但小东坡从不生气，在他眼中，小鸟是大自然的精灵，可以带给他写作诗文的灵感。

善念是一切美好的源头。

就像成年后的他，看过大江东去，遭遇断肠天涯，也始终为黎民百姓、一草一木保留着善意与温柔。想来，世间有趣的灵魂，都有一颗仁爱的内心。

帕乌斯托夫斯基有一句话："对生活，对周围一切的诗意理解，是童年时代给我们的最伟大的馈赠。如果一个人在悠长而严肃的岁月中，没有失去这个馈赠，那他就是诗人或者作家。"

这句话总让我想到苏东坡。

他是诗人，是作家，也是千古风流人物。

他是仁者、智者、勇者，也是世间翩翩惊鸿。

"人生到处知何似，应似飞鸿踏雪泥"，沿着时光的河流，溯源他生命的来处，我们就会发现，一个天才命运与情感的开始原来是这样的隐于不言，细入无间，又是那样的豁然开朗，温情有光。

而想到他曾被朝廷伤害，困顿失意，在深井一样的乌台牢狱里回忆故乡的阳光和江水，曾白发如霜，知交零落，在瘴气丛生的岭南想起故乡的人情与美食，我们就会明白，那一份来自童年时代的伟大馈赠，直到生命的终点，他都未曾失去过。

他一身的浩然之气，一生的天纵之才，魂兮归来时，都可以还给故乡的草木星辰，日月河山。

诗酒趁年华，少年的命运才刚刚开始

在即将步入知天命的年纪时，无论是少年时的理想，还是童年时的梦寐，他都可以用中年的心境，撒一把世事的盐，风干了下酒。彼时，买花载酒，明月无猜，流年暗中偷换，故人兀自老去，唯有少年的命运，才刚刚开启。

在成长过程中，除了严明温文的家教，苏东坡也是受过正规的学校教育的。

八岁那一年，苏东坡被家人送入天庆道观书院读书。

按照苏东坡中年时期的回忆，当时书院规模颇大，同学一共有好几百人，其中属他与一名叫陈太初的学生最受老师看重。

不过后来陈太初一心修炼道术，以羽化登仙为梦想，并未在文坛上留下过什么痕迹，而苏东坡却成了一代文豪，名字与星月同辉。

这也让他们的昔日同窗们愈加笃信，世间真有征兆一说。

有一次，有人带了一首赞扬当朝文士的长诗到书院，师生们都忍不住去围观欣赏，苏东坡也挤在人群中，想一探究竟。

老师告诉学生们，诗中那些人——范仲淹、欧阳修、韩琦……都将成为名垂千古的"人杰"。

人群中的苏东坡更好奇了。他迫不及待地请教老师，想对那些"人杰"作进一步的了解。

老师说："你还是小孩子，不需要打听这些。"

苏东坡不服气："难道他们是天上的神仙不成？如果他们是神仙，我就不敢冒犯。但他们如果是和我一样的凡人，我为什么不可以多了解一些呢？"

老师看着他认真的表情，不禁莞然而笑，随即娓娓道来，满足了苏东坡的求知欲。

老师说完后，又称苏东坡"非池中之物"，预言他日后定会跟那些"人杰"们打交道。

苏东坡把老师的话牢牢记在了心里。

多年后，果然如老师所言，苏东坡的命运跟那些人紧密地联结在了一起，欧阳修成了苏东坡的恩师，而苏东坡，也成了朝堂上的风云人物，文坛里的佼佼者。

几天后，苏东坡在玩游戏时，又从地下挖出一块鱼形的青色石头。石头上面布满星星点点的花纹，如星光照耀天穹，握在手里，细润如丝，清凉沁人，轻轻叩击，还有琳琅之声。

经过鉴定，原来那是一方绝佳的砚石，百年罕见。

从此之后，那方砚石就一直摆在苏东坡的书房里，陪他悠游笔墨，走过无数个书香寒暑。

砚石恰到好处的出现以及老师的预言，也成了他日后得文星相助，名留青史的吉兆。

三年后，苏东坡从天庆道观书院毕业，又进入眉山城西的寿昌书院学习，师从眉山有名的学者刘微之，开始为参加科举考试做准备。

刘微之是个饱学之士，精通经史，为人严厉。平时学生们都很怕他。但学生们也知道，为了科举，必须博览群书，苦苦背诵先贤的古文，在古人的智慧中学习修身处世的道理齐家治国的本领，因为一旦中举，他们就可能成为国家的栋梁，所学所思，皆与国运兴衰息息相关。

刘微之也很喜欢苏东坡。

这个学生不仅聪慧异于常人，还肯下苦功夫背书习字，对于世间万物，又有着别出机杼的见解，而且文思敏捷，有时连老师也自叹不如。

一日，刘微之在课堂上朗读了自己写的一首《鹭鸶》诗："鹭鸟窥遥浪，寒风掠岸沙。渔人忽惊起，雪片逐风斜。"

众学生皆赞叹。

只有苏东坡看法不一样。

他认为这首诗虽然是好，但"雪片逐风斜"一句，并不妥当，他曾很仔细地观察过鹭鸶归巢，发现它们的羽毛并不会随风飞扬，而是落在巢边的蒹葭上。

所以，"雪片落蒹葭"要更加贴切，而且还让诗中的主角鹭鸶，在天地之间有了归宿。

刘微之也是个豁达之人，他不但不生气，反而大喜，从教多年，他还从未见过如此聪敏又有个性的学生，于是忍不住当着众学生的面，称赞苏东坡，表示自己已经没有资格做他的老师了。

果然，日后的苏东坡在朝堂上面对皇帝，也依旧可以将这样的个性进行到底，从来都是直言不讳，坚持己见。

只是，那个时候的刘微之还不知道，他的学生有天会贵为天子之师，有天也会沦为阶下之囚，人生起伏，仕途跌宕，皆因这一腔少年意气而起。

苏东坡喜欢钻研诗书，但他并非是两耳不闻窗外事的书呆子。

从童年，到少年，除了读书之外，他也会呼朋唤友，与家中兄弟们周游眉山，到大自然的怀抱里寻找诸多乐趣。

书院附近的醴泉寺就是他们平时喜欢去的地方。

很多年后，他还记得那里的橘子树、柚子树、梨树和栗树，从夏天到秋天，总能招惹馋嘴的孩子。春天则可看花，古刹繁花，钟声在寂静的空气中如涟漪荡开，更有奇石嶙峋，松果累累，山风过耳，无上清凉。

他也对曾经在牛背上读书的时光念念不忘。

"川平牛背稳，如驾百斛舟，舟行无人岸自移，我卧读书牛不知……"

那样的年纪，人心尚未沾染世事，真是左也惬意，右也静好，除了有那么一点遗憾，就是那样的时刻，他的快乐，无法跟牛一起分享。

如果是下雨的时候，只能待在教室里，他就会跟同学们一起玩联句的游戏。

中年时，他依旧可以将自己第一次玩的联句一字不漏地写下来：

一人说："庭松偃仰如醉。"

一人说："夏雨凄凉似秋。"

东坡说："有客高吟拥鼻。"

年纪稍小的苏辙也加入进来："无人共吃馒头！"

语毕，整个教室的人都要笑翻了。

苏东坡还记得七岁那年，曾在山间遇到一位姓朱的老尼，那老尼自称已有九十岁，年少时常随师父出入蜀主孟昶宫中。

某年的一个夏夜，师父带着她路过水晶宫，只见那宫殿竟是以碧玉与琉璃筑成，又以硕大的夜明珠当灯盏，与天上明月交相辉映……蜀主与花蕊夫人正在摩诃池边消暑纳凉。

是时，摩诃池内莲花盛放，宫中沉香袅袅，夜风拂过，满是香息。花蕊夫人已有三分薄醉，"花不足以拟其色，蕊差堪状其容"，她云鬓低垂，衣袂飘飞，肌肤如雪，倚在蜀主身边，枕着一方青玉，犹如天宫仙子。

不知不觉间，夜至三更，天上只见淡月疏星。趁着余兴盛景，蜀主携花蕊夫人凭栏远眺，夫人则奉旨填词一首："冰肌玉骨自无汗，水殿风来暗香满……"感叹美景难留，良辰易逝。

四十年后，苏东坡的眉山故乡已是物是人非，他在谪居之地一点一点翻阅记忆，就像乘坐时间的舟楫，游历一个一个的幻丽绮梦。

好在还有文字，可供长情的人，结绳记事，朝花夕拾。

冰肌玉骨，自清凉无汗。水殿风来暗香满。绣帘开，一点明月窥人，人未寝，欹枕钗横鬓乱。

起来携素手，庭户无声，时见疏星渡河汉。试问夜如何？夜已三更，金波淡，玉绳低转。但屈指西风几时来，又不道流年暗中偷换。

——《洞仙歌》

在题记中，苏东坡写道："今四十年，朱已死久矣，人无知此词者，但记其首两句，暇日寻味，岂《洞仙歌》令乎？乃为足之云。"

当时，姓朱的老尼已经久辞人世，他也只记得花蕊夫人所填之词的前两句，于是便以《洞仙歌》为韵，补足了这首词的剩余部分。

而其中最让人觉得有趣的，却是他那一句"暇日寻味"，仿佛曾经的记忆，可以随着时间的流转，和乡味一样萦绕在舌尖。

也难怪啊，那时的他即将步入知天命的年纪，无论是少年时的理想，还是童年时的梦寐，都可以用中年的心境，撒一把世事的盐，风干了下酒。

如此，在一眼望不到边的寂寞苦寒的日子里，闭目溯游，便可遇见涉世之初，心尖上的那一小撮甜。

彼时，买花载酒，明月无猜，流年暗中偷换，故人兀自老去，唯有少年的命运，才刚刚开启。

那一场刻骨铭心的暗恋

苏东坡对小二娘是痴情，对其他走进他生命中的女子，也从未薄情过。若非如此，一份痴情要以另一场辜负为代价，那也只能叫荡子，

不配叫情痴。

众所周知,王弗是苏东坡的结发妻子。

但很多人或许不知道,她并不是苏东坡真正意义上的初恋。

要如何说呢?苏东坡的初恋,他人生中爱情的源头,其实是由亲情衍生出来的支流,或者说是一条地下暗河。

因为那个名叫小二娘的女子,正是他的堂妹,亲堂妹。

苏东坡的伯父苏涣考上进士后即在外地做官,一直到他的父亲苏序去世,他才携带家眷回眉山守制,为期三年。

苏涣家有三个儿子,四个女儿,其中最小的女儿,便是小二娘。

当时的苏东坡,大约是十二岁到十三岁之间,情窦初开的年纪,很快便喜欢上了这个堂妹。

不过,在眉山的岁月河川之间,关于他们相处的情景,如今已无人知晓,而碍于礼法,苏东坡自己也未曾用写实主义的笔调记录过那场感情的细枝末节。

但有一点毫无疑问,苏东坡对小二娘的喜欢,已经越过了亲情的边界,渗透了爱情的内核。

多年后,历经半生沉浮,满心沧桑的苏东坡回忆起眉山的前尘往事,给小二娘写了一首诗:

前尘往事断肠诗，侬为君痴君不知。
莫道世界真意少，自古人间多情痴。

——《无题》

如果按照诗里的意思来揣测，也极有可能，苏东坡的初恋，自始至终都只是"山有木兮木有枝，心悦君兮君不知"的暗恋，虽刻骨铭心，却鲜为人知，就连小二娘本人都不知道。

"关关雎鸠，在河之洲，窈窕淑女，君子好逑。"

真是好遗憾啊，在苏东坡的青春年代里，他读过那么多的诗句，第一次为异性动心，却是可遇不可求，可恋不可有。

他曾那样痴迷她，也深知不能娶她为妻，哪怕是一点点的爱的示意，都会唐突了礼法，更会伤害她的名声。

类似这样的暗恋，许多个世纪后，可能有人会说——世界上最远的距离，不是生与死的距离，而是我站在你面前，你却不知道我爱你。

但那时的苏东坡，他写的是，侬为君痴君不知。

君不知，不仅是真意，也是保全。

数年过去，苏东坡迎娶王弗，之后在京城与故里之间辗转，小二娘也嫁作他人妇，随夫君定居江南。

缘分如浮萍，自此流水天涯。

熙宁七年（公元1074年），苏东坡在杭州做官。人说近水楼台先得月,但他只是想要去附近的镇江看一看他的"白月光"。

"今夕复何夕,共此灯烛光。昔别君未婚,儿女忽成行。"

近二十年后,故人重逢,一个花期已过,一个名满天下。

是的,那时的小二娘,已经是两个少年的母亲,年华逝去,青春不再,在日常琐事中消磨着时光。

但无论境况如何,他们之间的命运依旧没有更多可能,依旧在初见的时候就已尘埃落定。

所以,即便是一腔怜意无处着,在那个陌上花开缓缓归的季节,苏东坡也只能借着牡丹的名义,给小二娘写一首情意婉转的诗。

羞归应为负花期,已是成阴结子时。
与物寡情怜我老,遣春无恨赖君诗。
玉台不见朝酣酒,金缕犹歌空折枝。
従此年年定相见,欲师老圃问樊迟。
莫负黄花九日期,人生穷达可无时。
十年且就三都赋,万户终轻千首诗。
天静伤鸿犹戢翼,月明惊鹊未安枝。
君看六月河无水,万斛龙骧到自迟。

——《杭州牡丹开时仆犹在常润周令作诗见寄次其韵》

林语堂先生曾披露过一个细节,说苏东坡在见到小二娘之后,一度起了退居镇江之意。

而从字里行间蕴藏的意思来看,他也是想要与小二娘结邻而居的,就像少年时那样,他和她住在同一座宅子里。

他依旧不求得"月",只想把酒问青天的时候,可以看着月光的影子在酒杯里温柔地漾动,可以沐浴她的朗朗清辉。

另外,还有一个细节,足以看出苏东坡的真性情。

苏东坡很喜欢小二娘的两个孩子,便也乐意抽出空闲来,教他们读书习字,如父如师,给他们润物无声的关爱。

但对于孩子他爹,也就是小二娘的夫君,他的堂姐夫,他就不那么待见了,甚至很少跟人家说话。

有一次,堂姐夫向苏东坡讨一幅书法,他不愿意给。

要知道苏东坡是出了名的大方,就算是平白无故的人向他乞诗,他也从不吝啬。在他早期的诗集中,有一首诗名便是《游洞之日,有亭吏乞诗,既为留三绝句于洞之石壁,明日至峡州,吏又至,意若未足,乃复以此诗授之》。其慷慨,可见一斑。

不过,后来他还是推荐这位堂姐夫去做了一个地方小官,想来也是看在小二娘的面子(情分)上。他旷达磊落了一辈子,也就在心尖上,藏了这么一丁点市井百姓般的可爱的"小气"。

元符元年(公元1099年),苏东坡两鬓星星,贬居海南,小二娘也溘然病逝。

在异乡,隔着契阔死生,万里天涯,苏东坡一个月后才收到噩耗。

他不禁为她老泪纵横。

在祭文中，他又直言"情怀割裂""梦泪濡茵""此心如割"……

如此三年后，贫病交加的苏东坡终于等到了北归的赦令。

当他路过镇江时，已经病得无法见客。但在儿子的搀扶下，他还是去祭拜了小二娘，在她的墓碑前，他再一次伤心大恸，哭得像个老孩子。

且在祭墓归去后，复又"卧泣不起"。

两个月后，他便与世长辞。

想起多年前，苏东坡曾为小二娘写下"自古人间有情痴"，可以说，这句话，他是一字不漏地做到了。

但苏东坡对小二娘是痴情，对其他走进他生命中的女子，也从未薄情过。

若非如此，一份痴情要以另一场辜负为代价，那也只能叫荡子，不配叫情痴。

譬如苏东坡在十八岁那年，遇见王弗。

他以凤冠霞帔，鸾镜花轿，娶她为妻。从此，便将满目山河空念远的怅憾，化作了亦要怜取眼前人的深情与珍视。

王弗刮开了一张头奖彩票

自科举以来，唐宋就有"榜下捉婿"的风俗，换言之，在那个时候，每一个寒窗苦读的年轻人，他们的前程与命运，都像一张未刮开的彩票。

仁宗至和元年（公元1054年），十八岁的苏东坡结婚了。

新娘子王弗刚过及笄之年，乃眉山青神人进士王方之女，自幼相承庭训，饱读诗书，是当地的大家闺秀。

青神县以崇祀蚕丛氏"青衣而教民农桑，民皆神之"得名，又据《蜀中名胜记》记载，"县（青神）之名胜在乎三岩。三岩者，上岩、中岩、下岩也。"

其中的中岩小镇，就是苏东坡与王弗相遇的地方。

十七岁那年，苏东坡到中岩书院进一步深造，执教的老师正是王弗的父亲王方。

和前几任老师一样，在品学方面，王方也很赏识苏东坡。

但相传苏东坡与王弗能够喜结连理，则是因为他们之间有一段"唤鱼姻缘"。

中岩书院附近，一处丹岩赤壁下，有一汪绿池，澄澈见底，形如半月，清凉生风。奇妙的是，只要站在池边拊掌三声，便会有鱼闻声而来，在水中凌空跳跃，仿佛可以与人互通灵犀。

一日，王方邀请了许多文人学士，在丹岩赤壁下投笔竞题，为绿池命名立碑，让那一处中岩胜地流芳千古。

其中，王方最满意的就是苏东坡写下的"唤鱼池"。

就在同一时间，王弗也让侍女从闺阁中送来了题名。王方当众打开红纸，只见三字跃然而出——"唤鱼池"。

王方喜上眉梢，不禁暗自赞叹："不谋而合，韵成双璧。"

于是，不久后，王方便请人到苏家说媒，要将女儿许配给苏东坡。

人道是，唤鱼联姻，天作之合。

不过，这段佳话既是传说，就难免有后人附会的可能，如今也无法去一一考证，但有一点可以确定的就是，当时，的确是女方托人来提的亲。

自科举以来，唐宋就有"榜下捉婿"的风俗，而且在苏东坡那个年代，正是重文轻武，以文臣治国的年代，是宋真宗赵恒那首《劝学诗》在民间发挥热度最强的年代。

富家不用买良田，书中自有千钟粟。
安居不用架高堂，书中自有黄金屋。
娶妻莫恨无良媒，书中自有颜如玉。
出门莫恨无人随，书中车马多如簇。
男儿欲遂平生志，六经勤向窗前读。

——赵恒《劝学诗》

换言之，在那个时候，每一个寒窗苦读的年轻人，他们的前程与命运，都像一张未刮开的彩票。

而对于他们来说，也只有读书，才是打破阶层壁垒，实现人生目标的最佳途径。

苏门文脉尚存，家风清正，苏东坡又是眉山有名的青年才俊，品学兼优，且即将进京赶考，无疑是一支非常优质的"潜力股"，在亟待择婿的那些人眼里，更是上佳人选。

所以，像苏东坡这样前途明晃晃的人才，王方自然等不到"榜下捉婿"的那一天——京城达官显贵如过江之鲫，但凡有女待字闺中的，无一不在等待考试的结果。

既然竞争力如此悬殊，那么最明智的办法，就是在苏东坡赶考之前，抢先一步"截和"。

当然，这一切的前提，还需要对方符合苏东坡的意愿。

其实早在王家过来提亲之前，苏东坡就曾与王弗在书院的古松之下有过一面之缘，惊鸿一瞥，心生欢喜，许多年后，他想起她，还记得初见她时，如娥双眉长带绿，明月好风是人猜。

另外，在苏东坡十六岁那年，苏家发生的一件事，可以说在很大程度上影响了他的择偶观和婚姻态度。

他的姐姐——八娘过世了。

因为在婚姻中不受公婆的喜欢，又与丈夫心意隔阂，八娘过得很不幸福，年纪轻轻便在月子里郁郁而终。

而八娘当初，正是遵循的父母之命，媒妁之言，嫁给了程家的一个表哥，也就是她舅舅的儿子程之才。

本想亲上加亲，怎料竟误了爱女性命。苏洵伤心如捣，悔不当初，听闻噩耗后，又连夜作檄文，列举程家六大罪状，为女儿声讨"贼人"，并告诫儿子们，此后当与程家老死不相往来。

悲痛之余，苏东坡也明确地告诉父母，他的婚事，必须经过他本人同意。而在之后的婚姻生活中，他也从未像自己鄙视的人那样，对任何一任妻子有过不尊重的表现。

至于王弗小姐姐，她虽不似小二娘那般让苏东坡惊心动魄，遥望痴迷，但也自有温良贤德的魅力，让她的夫君真心以待，与之相濡以沫，举案齐眉。

在苏东坡的文字里，王弗的性格是"敏而静，慧而谦"，她不仅知书达礼，可以与他琴瑟在御，伴他红袖添香，还可以用她冷静睿智的头脑，洞若观火的慧眼"幕后听言"，为他甄别仕途中的君子与小人。

譬如，苏东坡在凤翔府担任签书判官时，经常要外出办事，每次回来，王弗都会详细询问办事的情况，然后劝诫夫君万事小心。只因她深谙苏东坡的个性，从来都是疾恶如仇，偏又炽热天真，无论行事，还是说话，都不懂纳藏自身的锋芒，便也难免被一些宵小之辈利用和指摘。

如此，每次有人来拜访苏东坡，王弗都会躲在屏风后面，悄悄倾听堂前的谈话，继而根据来客的言语，冷静辨析对方的品行与目的。

有一次,王弗告诉苏东坡:"刚才来的这个人,讨论问题总是模棱两可,没有一点自己的思想,而且一直在暗自揣摩你的心思,顺着你的喜好在说。与这样的人讨论,是毫无意义的。"

还有一次,有人来与苏东坡套近乎,交朋友,表现得异常热忱,王弗知道后,又告诉夫君:"这种人的热忱怕是不能长久,今天他既能与你迅速熟络,明天他自然也能对你迅速冷落。"

一段时间过后,王弗的预言果然应验了。

原来那人是要求苏东坡办事,苏东坡没有答应,便很快变脸,对苏东坡冷眼相待,朋友也没得做了。那样的"热忱",一如金钱,那人在苏东坡这边没有置换到他想要的东西,自然就要收回到手心里,然后掂量掂量,再送到另外一个人面前。

或许,在这个世上,除了时间、回忆,便只有深情与缱绻,经久不灭,千金不换。

王弗与苏东坡执子之手十一载,却未能白首偕老,也是令世人唏嘘不已。

王弗病逝时,仅二十七岁,苏东坡哀恸断肠,一夕苍老。

他将她葬在眉山苏家的祖坟里,为她虔诚守灵,在她的长眠之地亲手种下青松,以祭奠他心尖的朱砂痣。

十年生死两茫茫,不思量,自难忘。千里孤坟,无处话凄凉。纵使相逢应不识,尘满面,鬓如霜。

夜来幽梦忽还乡，小轩窗，正梳妆。相顾无言，惟有泪千行。料得年年肠断处，明月夜，短松冈。

——《江城子·乙卯正月二十日夜记梦》

熙宁八年（公元1075年），即王弗离世十年后，苏东坡在密州（山东诸城）任知州，一日午夜梦回，又泪湿衣襟。

在梦中，她依旧是新婚时的姣好容颜，在轩窗边，放下云鬓，打开妆奁，眉间浮现出盈盈笑意，岁月一片静好澄明。

而梦醒之后，站在夜色深处和政治漩涡里的人，却是尘埃满面，两鬓飞霜，无处话凄凉。

只有耳边，仿佛还有明月松风，和遇见她的那天，一模一样。

一举震惊文坛的年轻人

梅尧臣指着策论文中的一句话问道："你在此处写到有一人犯罪，皋陶（尧帝时代的一个司法官）三次想杀他，但三次都被尧帝宽赦……这个典故，是出自哪一本书呢？"苏东坡坦然一笑："想当然耳。"梅尧臣差点惊掉了下巴。欧阳修不但没有生气，反而大笑道："善读书，善用书，真是后生可畏也！"欧阳修又把苏东坡的文章推荐给自己的儿子看，并声称会不遗余力地提携这位新科进士，助其出人头地。

嘉祐元年（公元1056年）五月，汴京（河南开封）城内，榴花欲然，薰风入弦，空气里满是青梅酒的香气。

正是在这样的季节，苏家父子三人，辞别了亲友与家眷——至和二年（公元1055年），苏辙也结婚了，新娘是眉山当地一位姓史的小姐。他们一路出阆中，过蜀道，越秦岭，入关中，进中原，历经两个月的山水跋涉，终于来到了北宋王朝最为繁华的都城，天下所有书生的朝圣之地。

这也是苏东坡第一次离开家乡。

那一刻，站在京城的宫阙楼台，宝马雕车之间，他竟被扑面而来的花光照亮了眼睛，心绪也随之起伏不已。

鸿鹄志，寒窗苦，为了实现治国平天下的梦想，他已经准备了十余年的时间。

而早在进京之前，苏洵就曾带着两个儿子自眉山前往成都，拜谒当地最大的官员张方平，希望可以得到后者的帮助，为来日的赴京之路做铺垫。

在一封呈给张方平的尺书中，苏洵写道：

"闻京师多贤士大夫，欲往从之游，因以举进士。洵今年几五十，以懒钝废于世，誓将绝进取之意。惟此二子，不忍使之复为湮沦弃置之人……"

这一年苏洵已年近五十，科举之路对他来说或许真的没有什么希望了，但怅然之余，他也愈发笃定，要让儿子学有所成。可以说，他将两代人的仕途梦，都寄托在两个儿子身上。

张方平是个传奇人物，相传少年家贫，只能借书而读，却可过目熟记，终生不忘。科举及第后，他被封校书郎，到了至和元年（公元1054年），又以朝廷户部侍郎身份出任成都知府。

不仅如此，在才学与政治之外，张方平为人处事也十分慷慨，富有气节，有着一颗惜才爱才的伯乐之心。

当张方平第一次看到苏东坡其人其文的时候，直言倾盖如故，惊为天上的麒麟——翩翩少年，眉目清俊，风神洒然，所著文章则洞察敏锐，气势磅礴，又毫无浮华之气。谈笑间，两人遂结成忘年知己。

如此，尽管政见不同，张方平还是决定抛开朝堂上的芥蒂，为苏洵写了一封诚恳的推荐信，将"三苏"引荐给自己的昔日政敌，同时也是那个年代最有名的文士——欧阳修。

于是，这年阳春三月，苏洵带着张方平的推荐信，与两个儿子如约抵达汴京，随后落脚在兴国寺的一处小院中。

暮鼓晨钟，涤荡浮尘，溪风朗月，映照笔墨，苏家兄弟每天都在幽静的禅房里安心备考。即将迎接他们的，是秋天的开封府初试。

初试于桂子飘香的八月举行，地点设在开封城内的景德寺。来自全国各地的考生坐满了整个庙堂，在考官与侍卫的森严戒备下，埋首疾书，过关斩将，争夺重塑命运的名额。

不久后，考试结果出来了，与料想中的一样，苏家两兄弟轻松过关，且名列前茅。

首战告捷，是一件值得高兴的事情。因为按照当时的大宋科举流程，只有通过初试的考生，才有资格进入下一轮的尚书省礼部的进士考试。

第二轮考试，定在来年的春天。

在此期间，除了努力读书，温习功课，苏氏兄弟还会跟着父亲出入京城的社交界。

这一次，苏东坡终于有机会去面谒礼部侍郎欧阳修——他的名字，曾让一个心怀凌云之志的川地少年高山仰止。

与张方平一样，欧阳修也是个性情中人。他们出身相似，都是幼时家贫，天资聪颖，通过苦读与科举改变了人生。如果不是站在不同的政治立场上，他们应该是可以成为对方好友的人。

学富五车的欧阳修，目光如炬，求贤若渴。他读了张方平的推荐信后，又看了一些苏洵的论著，如《权书》《论衡》《机策》等，不禁大为激赏，认为苏洵辞辩宏伟，履行淳固，性识明达，有王佐之才，便决心把苏洵引荐给皇帝。

为了避嫌，苏家兄弟并未给欧阳修上呈文章。但他们的气质与谈吐，还是给欧阳修留下了不错的印象。当时无论是文士还是考生，赢得文坛领袖的好感都至关重要。

而且接下来，欧阳修又会以翰林学士的身份，主持这一届的礼部科举，成为直接检阅他们命运的人。

嘉祐二年（公元1057年）二月三日，礼部考试来临了。

皇帝钦点的考官方阵是：主考官欧阳修，副考官及阅卷老师——梅挚、梅尧臣、王珪、范镇、韩绛。他们都是朝堂上的风云人物，也是多年前通过考试进入仕途的人，已经有足够的资质与阅历，为朝廷把关，为科举代言。

这一天，苏东坡与弟弟半夜就起床了，他们需要自备干粮，在天亮时分到达贡院，然后一直要到考完才能出来。考试的时候，每个考生都必须坐在自己的小房间里，门口由宫中侍卫专门看守，以断绝任何舞弊的可能。

按照考试制度，为了防止徇私贿赂，待学生考完后，六位考官还将在贡院住上一个多月的时间，其间不能与外界有任何接触。而且所有的试卷，都将统一笔迹，由专人誊写一份，隐去考生姓名，交由考官批阅。

那么在这段时间里，考官们的工作做完了之后，空下来的时间又要如何打发呢？

多年后，欧阳修在他的《归田录》里记了一笔，意思是，我们六个人在一起的那段阅卷时光，真是太开心了！每天作诗啊，唱和啊，讲笑话啊，经常哄堂绝倒，犹如盛事……

不过，当时他们的"盛事"被朝中小人得知后，皇帝面前就出现了一份小报告。皇帝爱才，也不好多说什么，但还是给之后的考官们加了一道禁令——试官在闱内不得作诗。

如此一来,欧阳公便只能在心里暗暗吐槽了……

再说阅卷。

当时考试的科目为诗、赋、论各一篇,时务策五道。

考官们希望从策论中观察到考生的谋略、政见与志向,看他们是不是能够成为一名合格的官员,又以诗赋比试他们的审美,文采与修为,这一点正是身为学者的标准。

阅卷老师梅尧臣很快便在一堆《刑赏忠厚之至论》中,发现了一份天才之作:

尧、舜、禹、汤、文、武、成、康之际,何其爱民之深,忧民之切,而待天下以君子长者之道也。有一善,从而赏之,又从而咏歌嗟叹之,所以乐其始而勉其终。有一不善,从而罚之,又从而哀矜惩创之,所以弃其旧而开其新。故其吁俞之声,欢休惨戚,见于虞、夏、商、周之书。成、康既没,穆王立,而周道始衰,然犹命其臣吕侯,而告之以祥刑。其言忧而不伤,威而不怒,慈爱而能断,恻然有哀怜无辜之心,故孔子犹有取焉。《传》曰:"赏疑从与,所以广恩也;罚疑从去,所以慎刑也。"

当尧之时,皋陶为士。将杀人,皋陶曰"杀之"三,尧曰"宥之"三。故天下畏皋陶执法之坚,而乐尧用刑之宽。四岳曰"鲧可用",尧曰"不可,鲧方命圮族",既而曰:"试之"。何尧之不听皋陶之杀人,而从四岳之用鲧也?然则圣人之意,盖亦可见矣。《书》曰:"罪疑惟轻,功疑惟重。与其杀不辜,宁失不经。"呜呼,尽之矣。

> 可以赏，可以无赏，赏之过乎仁；可以罚，可以无罚，罚之过乎义。过乎仁，不失为君子；过乎义，则流而入于忍人。故仁可过也，义不可过也。古者赏不以爵禄，刑不以刀锯。赏之以爵禄，是赏之道行于爵禄之所加，而不行于爵禄之所不加也。刑之以刀锯，是刑之威施于刀锯之所及，而不施于刀锯之所不及也。先王知天下之善不胜赏，而爵禄不足以劝也；知天下之恶不胜刑，而刀锯不足以裁也。是故疑则举而归之于仁，以君子长者之道待天下，使天下相率而归于君子长者之道。故曰：忠厚之至也。
> 《诗》曰："君子如祉，乱庶遄已。君子如怒，乱庶遄沮。"夫君子之已乱，岂有异术哉？时其喜怒，而无失乎仁而已矣。《春秋》之义，立法贵严，而责人贵宽。因其褒贬义，以制赏罚，亦忠厚之至也。

区区六百字，博古论今，笔意峥嵘，文风雄健，辩思明彻，又无一赘言浮辞，可以说是完美阐述了该考生以仁治国的政治思想。

梅尧臣一看再看，越看越喜欢，便忍不住找来隔壁的王珪一起观看，两人啧啧称赞了许久。据说王珪后来还秘密地将这名考生的两份策论原稿带回家珍藏了起来。

当这篇论文呈荐到欧阳修手里时，欧阳修更是惊喜万分，哎呀，这不正是自己一直提倡的文章吗？

是时北宋已开国百年，但通行的文风依旧浮巧居多，一味追求辞藻上的华丽与雕琢，思想却日益空乏，犹如靡靡之音，浸染五代之弊……因此，对于欧阳修来说，这一次的科举选拔，正好可以趁机变革文风，重修士林。

但这名考生是谁？

就在提笔打算将这份试卷的主人列为第一名的时候，欧阳修犹豫了。

他把所有在心里留有印象的考生都捋了一遍，但思来想去，还是感觉自己的学生曾巩的可能性最大。

为了保守起见，规避徇私之嫌，欧阳修最终将这名最心仪的考生列为第二名。

直到确定了名次和推荐名单，打开考生姓名时，他才知道，原来写出这篇千古论文的人，并不是曾巩，而是与他有过一面之缘的苏洵的大儿子——苏轼。

然后，在接下来的礼部复试中，这位震惊京城文坛的年轻人，又以"春秋对义"（回答考官提出的关于《春秋》的问题）获得了第一名。

是年四月八日，科举的最后一关，金殿御试到来了。

地点在崇政殿，仁宗皇帝为唯一的考官，考三百多名学子们关于安定江山，兴盛社稷的高论与良策。

其中，有两名来自四川眉山的麒麟才子给皇帝留下了很好的印象，他们不仅可以对答如流，气度也颇有卿相风范。

果然，几天后，皇帝便用御笔，给他们点了一个朱红色的赞——钦点苏东坡为进士，苏辙赐进士出身。

一时间，苏家兄弟名动京城。

得知喜讯后的苏洵感叹道："莫道登科易，老夫如登天。莫道登科难,小儿如拾芥。"

金榜题名之后,依照惯例,考生应该依次感谢考官的知遇之恩,从此,两个人之间也有了师生的名分。

一天,苏东坡去拜访欧阳修,正巧梅尧臣也在。更巧的是,两位老师还在翻看他那篇《刑赏忠厚之至论》。

梅尧臣是苏洵的故友,对苏东坡也格外关注。于是,他指着论文中的一句话问道:"你在此处写到有一人犯罪,皋陶(尧帝时代的一个司法官)三次想杀他,但三次都被尧帝宽赦……这个典故,是出自哪一本书呢?"

苏东坡坦然一笑:"想当然耳。"

梅尧臣差点惊掉了下巴。

苏东坡又说:"昔日学生读《三国志·孔融传》,曹操灭袁绍后,将袁绍的儿媳赏给儿子曹丕。孔融劝诫道:'当年武王伐纣,将妲己赏给周公。'曹操问孔融,此事出自哪一本书,孔融则说:'以今推古,想当然耳。'所以学生想,我大宋的明君,也一定会和尧帝一样仁德。"

欧阳修听后,不但没有生气,反而大笑道:"善读书,善用书,真是后生可畏也!"

在呈给欧阳修的感谢信中,苏东坡又如此写道:

轼窃以天下之事,难于改为。自昔五代之余,文教衰落,风俗靡靡,

> 日以涂地。圣上慨然太息，思有以澄其源，疏其流，明诏天下，晓谕厥旨。于是招来雄俊魁伟、敦厚朴直之士，罢去浮巧轻媚、丛错采绣之文，将以追两汉之余，而渐复三代之故。士大夫不深明天子之心，用意过当，求深者或至于迂，务奇者怪僻而不可读，余风未殄，新弊复作。大者镂之金石，以传久远；小者转相摹写，号称古文。纷纷肆行，莫之或禁。盖唐之古文，自韩愈始。其后学韩而不至者为皇甫。学皇甫而不至者为孙樵。自樵以降，无足观矣。伏惟内翰执事，天之所付以收拾先王之遗文，天下之所待以觉悟学者。恭承王命，亲执文柄，意其必得天下之奇士，以塞明诏……
>
> ——《谢欧阳内翰书》

都说人如其文，但有才华的人浩如烟海，有学识的人却寥若晨星。

而同时具备才华、学识、当世之志、济时之心以及忧国忧民之思之人，如东坡，放眼天下，又有几个。

在信中，苏东坡不仅表明了自己的文学立场，还一针见血地指出了让朝廷深感忧虑的文坛"新弊"之因——许多人并未真正学到先秦两汉的朴实文风，又没有领悟到韩愈文章的精髓，从而矫枉过正，学术浮夸……如此旧弊未除，新弊复发，更遑论要以文学救时行道，兼济天下了。

苏东坡的信，再次深深打动了欧阳修——曾经，他认为这个世上，只有韩愈写起文章来，发言真率，无所畏避，如善驭良马者，通衢广陌，纵横驰逐，惟意所之，乃天下至工，但如今，这个站在他面前的来自眉山的白衣少年,却让他看到了一种可以与韩愈比肩而立的神采。

那一天,苏东坡走后,欧阳修望着他的背影,对梅尧臣说道:"读轼书,不觉汗出,快哉,快哉!老夫当避路此人,放出一头地也,可喜,可喜!"

是夜,欧阳修又把苏东坡的文章推荐给自己的儿子看,并声称会不遗余力地提携这位新科进士,助其出人头地。

而欧阳修也真的那么去做了。

毕竟数十年来,也只有苏东坡,让一代文学宗师欧阳修觉得后生可畏,后生可喜。

欧阳修把苏东坡引荐给了所有的朝中好友,大家都很喜欢这位新科进士。唯一遗憾的是,范仲淹已经过世了,苏东坡无缘得见,他那"先天下之忧而忧,后天下之乐而乐"的思想,曾让苏东坡深有感触。

欧阳修还告诉儿子:"有朝一日,苏轼的文章必定独步天下。三十年后,文坛将无人再提及我欧阳修的名字。"

欧阳修的预言果然应验了。

三十年后,苏东坡的名字已经家喻户晓。

三百年后,苏轼甚至成了一个朝代的代名词。

但是,就在"三苏"前途一片明朗,大家都沉浸在喜悦的氛围中时，这一年五月底，一个噩耗传到了京城——程夫人病逝了。

父子三人痛心入骨，只能即刻离京，日夜兼程，回眉山奔丧。

而有一个巧合就是，程夫人病逝的时间，正好是四月八日——苏东坡与弟弟一起金榜题名的日子。

此生此夜不长好，明月明年何处看，娑婆世界，聚散无常，山河岁月，亲人故梦，莫不如是。

想一想，这人生还真是悲欣交集，令人无限唏嘘……

有笔头千字，胸中万卷，只待辅佐君王

苏东坡享受着亲情与美景交融的悠闲时光，身边有家可依，前方有志可酬，感觉一切算不得完满无缺，但也安然得刚刚好。

嘉祐二年（公元1057年）初夏，当"三苏"一路披星戴月，从京城赶回故乡时，已经到了六月底。

六月的眉山嘉木成荫，莲荷灼灼，而苏家却是一片苍凉景象，房屋破漏，篱笆萧疏，望之怆然。

现在，家里的男丁都回来了，那么就应该尽快为逝者举行葬礼，让其入土为安。

苏洵为程夫人在武阳县安镇山下选了一块墓地，那里曾是他日夜苦读的地方，也是他诗号"苏老泉"的灵感来源。

墓地不远处，就是那一脉清凉甘洌的"老翁泉"。据当地的老人说，在月朗星稀的夜晚，只要是内心足够虔诚的人，就能看到一位鹤发童颜的老翁在泉边晒月亮，但只要听到来人的脚步声，老翁就会消失在夜色中，化作泉中的粼粼水波。

苏洵有没有看到过那个老翁？

答案已无从知晓。

只知道，丧妻之后的苏洵，在程夫人的墓地旁凿出了一个墓室，然后告诉儿子们，在他过世之后，务必要将他葬在程夫人的身边——"凿为二室，期与子同。魂兮未泯，不日来归。"

不久后，他又修建了一座亭子，为亡妻作了一篇深情脉脉、感人肺腑的祭文，此后，再也没有续弦：

> 与子相好，相期百年。不知中道，弃我而先。我徂京师，不远当还。嗟子之去，曾不须臾。子去不返，我怀永哀。反复求思，意子复回。人亦有言，死生短长……归来空堂，哭不见人。伤心故物，感涕殷勤。嗟予老矣，四海一身。自子之逝，内失良朋。孤居终日，有过谁箴……

而按照大宋礼法和儒家传统的孝道观念，但凡在朝为官或即将上任的人，无论是一品大员，还是新科进士，只要家中有父母过世，都必须停下手中的一切工作，回故乡守制二十七个月，否则就要以不孝罪论处，轻则革官，重则杀头。

所以，这一次，苏东坡与弟弟也将在眉山蛰居了两年多的时间。

这两年多，放在苏东坡风雨交织的一生中来看，其实称得上是一段真正意义上的悠闲时光，却又不同于后来他在贬谪之地那种无法为理想奋斗而孤苦的、从天而降的大片大片的时间，需要自我调配的寂寞清欢，而是金榜题名后，全身心的放松和踏实。

从丧母之痛中走出来之后，他心里对仕途的希望，以及报国的理想又重新饱满了起来。

是的，他人生舞台的大幕才刚刚拉开，灯光璀璨，人潮如织，而他现在只是在登台的时候，被要求先休憩那么一小会儿。

王弗的娘家在青神，苏东坡很爱去青神玩。

多年后，苏东坡还记得那种惬意、梦幻与自由。在他的文字中，就记录过不少青神旧事。

譬如，青神附近的石佛镇有一座小佛屋名叫"猪母佛"，相传是百年前一只母猪卧倒在地，化成泉水，从佛堂流出，滋养一方生灵，即使遭逢大旱，也从未干涸过。

据说泉水中还有两条鲤鱼，已经很多年没有出现过了。苏东坡有次去玩的时候，碰巧看到了那两条鲤鱼，他马上兴奋地跑回岳家，告诉王弗的哥哥王愿。

王愿不相信，苏东坡就拉着他一起到泉水边去，又对着泉水说："如果我没有撒谎，就请鲤鱼兄再次现身。"过了半响，那两条鲤鱼果然朝着他们摆尾而来。王愿不禁大惊失色，连忙对着泉水鞠躬谢罪，求"猪母佛"原谅他的无知。

苏东坡跟岳家的感情也一直很融洽，他生命中的两任妻子都是王家的女儿。

王弗当时有三十多个堂兄弟姐妹，他们经常会邀请苏东坡一起到青神的寺庙和道观中游历，或者是在天气美好的夜晚，到野外品尝王家自酿的美酒，然后吹着江风嗑瓜子，吃炒蚕豆，年龄大一点的，还可以跟着这位新科进士一起谈天说地，聊京城的趣事。

不过，苏东坡的酒量不怎么好，这一点倒是丝毫没有得到家族的遗传。少年时，他说自己是闻酒盏即醉，二十来岁的时候，大约也只能一次喝上两三杯，多了就会醺醺然了。

但那样的时刻，头顶星河灿烂，身边虫鸣起伏，江水一路东去，大地之上满是生活的气息，连草丛里都是热气腾腾的人情味儿，醉笑陪君三千场，又何妨？

嘉祐四年（公元1059年）九月，苏家兄弟终于守孝期满。

不久后，他们就将携带妻子（这一年，苏东坡有了长子苏迈），再次与父亲进京，听从朝廷的安排，为心中的炽热梦想而奋斗。

临行前，他们到程夫人的墓前告别，又托人雕刻了六尊菩萨像供奉在附近寺庙的如来堂里，希望程夫人的灵魂可以早登极乐世界。

这一次，因为不用赶时间，苏家人决定由水路赴京。

是年十月，秋高气爽，红叶纷飞的季节，他们在古嘉州（四川乐山）登船，从嘉陵江出川，一路顺流而下，进入长江三峡，抵达江陵后，再改陆路北上。

乐山大佛，也就是当时的嘉州凌云寺大弥勒石像，高七十一米，凿石山而成，坐落于岷江东岸，宝相庄严，妙音慈悲，低眉相看着人间的生灵与滔滔的江水。

当苏东坡乘坐的船只经过大佛脚下时，眉山小城的轮廓已经在身后消失不见。

秋风起兮，一丝对故乡的不舍在他心里慢慢洇开。

但云天高远，长河浩荡，对未来的憧憬，以及为梦想而储备已久的激情，就像江水中涌动的浪花，到底还是冲淡了一个年轻人对故乡的依恋。

朝发鼓阗阗，西风猎画旗。
故乡飘已远，往意浩无边。
锦水细不见，蛮江清可怜。
奔腾过佛脚，旷荡造平川。

——《初发嘉州》

船只一路向南，渐有红枫万朵，夹岸而生，层峦叠嶂，隐天蔽日。

日落时分，只见大团大团的红雾蒸腾在山峰之间，犹如天宫的盛筵。又渐渐地，夜幕像大鸟的翅膀倏尔抖开，漫天星斗浮现天际，船也不再前行，而是停泊在牛口渚，一家人上岸借宿。

见此情景，苏东坡不由得想起数百年前，李白也曾在这样的季节夜宿牛口，仰望过同一个月亮。

李白在诗中写：

"牛渚西江夜，青天无片云。登舟望秋月，空忆谢将军。余亦能高咏，斯人不可闻。明朝挂帆席，枫叶落纷纷。"

李白是侠客，属于那种骨子里有明月清风的人，抒发的也是知音难觅的思古之幽情，登舟望月，他的笔墨间，蘸着的是一把华丽孤傲的寂寞，如葡萄美酒的香气，从夜光杯里泛出来，然后，"绣口一吐，就是半个盛唐"。

苏东坡看到的，却是碧水青山间，踩着暮色，背负柴薪回家的山野小民，他们无酒无肉，以菜蔬为食，与麋鹿为友，甘愿住在破旧的茅屋里，教咿呀学语的儿女细数星辰，安于清贫与寒荒。

他的笔，透过牛口的古老月光，从山野的罅隙间窥见了社会底层的不易，于是叩问自身——与他们相比，我到底是个什么样的人？如此跋山涉水，为功名奔走，到底是为了什么？

人生本无事，苦为世味诱。
富贵耀吾前，贫贱独难守。
谁知深山子，甘与麋鹿友。
置身落蛮荒，生意不自陋。
今予独何者，汲汲强奔走。

——《夜泊牛口》

现代儒学大师马一浮有诗句云："已识乾坤大,犹怜草木青。"这句诗用在苏东坡身上其实也很贴切。

如果说可爱与乐观,来源于基因的传承和修来的福报,那么良善与仁义,便是一切德行的根基。儒家有训"立德、立功、立言",一个人如果看不到民生疾苦,自然不配拥有凌云之志。

苏东坡就是个接地气的人,一个可以随时脱下朝服,扛起锄头,挽起裤脚,去田里与农民勾肩搭背的人,一个站在船头,一高兴就想与山中行人打招呼的人——"仰看微径斜缭绕,上有行人高缥缈。舟中举手欲与言,孤帆南去如飞鸟。"

人生不易,世道弥艰,一如寒江滚滚,风起潮涌,泥沙俱下,但他用一颗悲天悯人、开朗无邪的善心润开笔墨,却可以让人感受到秋日的阳光照在水波上的明亮与温暖。

船至忠州时,"三苏"前去凭吊屈原塔,苏东坡终于找到了答案。

他写下《屈原塔》古诗表其心志:"古人谁不死,何必较考折。名声实无穷,富贵亦暂热。"

既然自古富贵如浮云,又何必去计较生命的长短,官位的高低?无论是为官还是做人,都应当用生命去守护一个国家的安定和一个文士的气节。风云变幻,岁月如流,身行于世数十载,唯有精神与文章,才是真正经得起时间淘漉的东西。

的确，很多人终其一生后，会思索自己追逐过什么，却很少有人，会在出发的时候，就明白了自己应该坚守什么。

换言之，苏东坡在入仕之前，就已经为自己今后的路做出了选择。

选择，即人生。

个性，即命运。

船只继续前行，"三苏"一路造访名胜古迹，凡有兴致，便会赋诗唱和，相互切磋。

过安乐山时，他们看到山上有一种树，叶片上都长有文字，就像是道士的篆符，一问，此山原来是张道陵修炼成仙的地方。

苏东坡感叹道："天师化去知何在，玉印相传世共珍。故国子孙今尚死，满山秋叶岂能神。"

经过巫山庙时，只见上下数十里都盘旋着乌鸢，它们可以大大方方地取食于行舟之上。苏东坡问起船家，才知道当地人将它们视为神明的使者，自然是心生敬畏，爱护有加。

他又写诗记录："群飞来去噪行人，得食无忧便可驯。江上饥乌无足怪，野鹰何事亦频频。"

进入三峡后，气温变得渐渐寒冷，山间风声猎猎，船头已有飞雪扑面，天地与人心却愈发清旷疏阔。

苏东坡望着山水之间的雪花，一时兴起，便提议玩一局文字游戏，效仿欧阳体来赋诗《江上值雪》，然全诗不能见"雪"，不能以盐、玉、鹤、鹭、絮、蝶、飞、舞之类的字作比喻，还不能使用皓、白、洁、素等字代替。

于是便有了："缩颈夜眠如冻龟，雪来惟有客先知。江边晓起浩无际，树杪风多寒更吹。青山有似少年子，一夕变尽沧浪髭……"

似这般，寒江之上，旅途无事，苏家人经常就会坐在船舱中，温酒聊天，作诗打牌。

苏东坡享受着亲情与美景交融的悠闲时光，身边有家可依，前方有志可酬，感觉一切算不得完满无缺，但也安然得刚刚好。

只是不知，日后的苏东坡写下"诗酒趁年华"的感叹，有没有想到这段江行的年华？

那个时候，人过中年，物是人非事事休，写出再好的诗，饮下再烈的酒，也再难拥有与年轻时同等质量的快乐了。

而这个冬天，大雪下了一场又一场，不断覆盖行人的痕迹，就像覆盖世象万千，人间百态。

只有船上的青年，正两鬓青山，眉目春风，怀抱理想，穿越小半个中国远赴京城，等待生命下一个篇章的开启，漫天飞雪难凉心中热血，却不知自己早已站在了命运的节点上，人生的结局也已经写下……

第二章：锋芒毕露的青年心性

向神仙论对错的凤翔府新官

有人说，成年人只看利弊，小孩子才争对错。但苏东坡心如赤子，无论对方是强权还是弱者，是神仙还是鬼怪，他都要辨明曲直是非。他也始终相信，一个人立足于世间，只要心存浩然正气，就能无愧于天地与道理。

嘉祐五年（公元1060年）二月十五日，苏家人历经近半年的舟车辗转，终于到达汴京。那个春天，他们租住在西岗的一处民宅里，耐心等待着朝廷的安排。

不久后，任命下来了。不知是不是有意要考验一下苏家兄弟，仁宗皇帝让苏东坡去河南府担任主簿（处理文书工作），与苏辙两人各属一县，都是从九品小官。

但两兄弟皆"辞官不赴"。

因为欧阳修告诉他们，来年将有一场制举考试，希望他们可以继续静心学习，在考试上再次夺魁，从而获得更好的职位，避免被埋没。

制举始于汉文帝,是由皇帝亲自主持、亲自命题的考试,目的是为国家选拔栋梁之材,制度极其严密,难度自然也比科举更大。

苏东坡就曾为此感叹过:"特于万人之中,求其百全之美。凡与中书之召命,已为天下之选人。而又有不可测知之论,以观其默识之能;无所不问之策,以效其博通之实。至于此而不去,则其人之可知。然犹使御史得以求其疵,谏官得以考其素。一陷清议,辄为废人。是以始由察举,而无请谒公行之私;终用考试,而无仓卒不审之患……"

这样的考试就连苏东坡心里也完全没底,会在考试之前担心自己才不如人。最根本的原因,就是考生们根本不知道皇帝会考什么,没有方向,便只能把自己修炼成一个全才,方能保证每一处都无懈可击。

怎么说呢,如果说科举考试是选拔人才,那么制举考试就是选拔人杰。

制举考试在嘉祐六年七月举行,首先是收集作品,参加秘阁考试,然后从中选出的特别优秀的考生才有资格步入崇政殿面圣,也就是参与最后名额的角逐。

是年八月二十五日,苏东坡与苏辙如愿来到了仁宗皇帝的面前。

这一次,仁宗皇帝考的还是策问,他给苏东坡的策题是"贤良方正",给苏辙的则是"直言极谏",规定对策必须三千字以上,当日内完成。

怎料苏东坡一个人就写了五千五百字,且无一赘言虚辞,文思沛然,文义深远,让仁宗甚为满意。

据说仁宗当天回到宫中后一直面有喜色,曹皇后问及,便说了一句"今日为子孙得了两个太平宰相。"

果然,考试成绩出来后,苏东坡位于第三等,苏辙为第四等,当时制举分五等,一二等为虚设,第三等已经是最高的等级。仁宗给苏东坡御赐的成绩,自制举以来,获此殊荣者,还只出现过一个。

年底时,仁宗皇帝给苏家兄弟安排了新的任命,正式将他们送入仕途的第一站。

苏东坡被授予大理评事、凤翔府签判,也就是知府大人的助理,官衔属于正八品。苏辙为商州推官,品级与苏东坡一样,但因要在汴京侍奉老父,所以推迟了任期。

而通过欧阳修的极力举荐,老苏也在这个时候以免试资格获得了一份清闲的官职,被任命为校书郎,同时负责为仁宗皇帝编写生活日记。虽说老苏最终并未得到展现他治国之才的机会,但总算是在有生之年,慰藉了青年时入仕的梦想……且从此之后,"三苏"便名扬天下。

这一年的十一月十九日,苏东坡在赴任凤翔的马背上写下了一首诗:

不饮胡为醉兀兀，此心已逐归鞍发。

归人犹自念庭帏，今我何以慰寂寞。

登高回首坡垅隔，但见乌帽出复没。

苦寒念尔衣裘薄，独骑瘦马踏残月。

路人行歌居人乐，童仆怪我苦凄恻。

亦知人生要有别，但恐岁月去飘忽。

寒灯相对记畴昔，夜雨何时听萧瑟？

君知此意不可忘，慎勿苦爱高官职。

——《辛丑十一月十九日，既与子由别于郑州西门之外，马上赋诗一篇寄之》

　　从诗中可以看出，当时苏东坡的心情很不好，分明不曾饮酒，却觉得思绪沉沉，满怀落寞，四野黯然失色。

　　那一天，子由去送哥哥苏东坡，两兄弟依依惜别，一不小心就从汴京送到了郑州，合计一百多里。

　　送兄千里亦须一别。子由与苏东坡分别后，便独自一个人骑着瘦马，踏着斑斑月光往回走……这一次，又换成了苏东坡的一场目送。

　　他登高回望，恋恋不舍，渐渐地，视线尽头，已经只能看到子由的乌帽在起伏的山丘间时隐时现，就像在海浪间渐行渐远的小船，单薄又孤独，不免一阵凄凉，心间涨潮似的灌满了湿嗒嗒的往事。

几个月前，为了应对制举考试，他们两兄弟一起在风雨夜挑灯苦读，读到韦应物的诗句"安知风雨夜，复此对床眠"，不禁双双恻然感之，于是立下盟约，以后早早退休，闲居在一起，再续"夜雨对床"之乐。

也难怪啊，自出生起，子由就一直陪伴在苏东坡身边，二十余年甘苦与共，两兄弟从未分开过。

对于东坡来说，子由的位置，没有人可以代替。子由不仅是兄弟，更是知己，甚至说是他的半条命也不为过。

所以在诗中，苏东坡叹息道："夜雨何时听萧瑟？"

和子由在一起，萧瑟的夜雨也是好听的……

可惜从此之后，就像苏东坡的预感，一入仕途深似海，太多的身不由己，时不我与，他和子由的确再也没能回到从前那种无忧无虑、相依相伴的时光了。

十二月十四日，苏东坡正式到凤翔府报到。

凤翔府位于陕西西部，渭水之滨，与汴京相隔一千余里，是周文王当年飞熊入梦得贤臣的地方，秦始皇的加冕之地，又因传说中秦穆公之女弄玉吹笛引凤而得名。

凤翔府也是北宋与西夏交界的地方，曾经连年灾荒，饱受战乱之苦。虽然朝廷后来用真金白银换得一时安定，但就在苏东坡到任之时，依然还是一片贫穷荒芜之象。

在凤翔府，苏东坡的第一任上司是太守宋子才，同事是县令胡允文。

宋子才其人温雅敦厚，对这名新来的助理很是照拂，也让苏东坡许多年后还在感念他的顾遇之恩。胡允文则是苏东坡的老乡，两个人少年时就认识，个性也算合得来，经常在公务之余一起约酒、约饭、聊天、吃茶，重温蜀中旧梦。

放长假的时候，苏东坡喜欢去周边走走，拜访名胜古迹，游历庙宇山川。

比如到孔庙看石鼓，那些石鼓都是周秦时期的文物，鼓上雕刻着天书一般的铭文，如龙蛇游走，玄妙无比，韩愈还曾为其写过诗。苏东坡见到石鼓后，也认不全上面的铭文，于是感叹道："韩公好古生已迟，我今况又百年后。"

苏东坡还去了终南山寻幽，那曾是王维隐居的地方。在普门寺与开元寺，他又看到了王维与吴道子的真迹。在画作方面，这两位前辈都是他所思慕的人。他喜欢王维的高妙清洁，诗画合一，"味摩诘之诗，诗中有画；观摩诘之画，画中有诗"，他也喜欢吴道子的笔意雄放，气吞风云，"出新意于法度之中，寄妙理于豪放之外，所谓游刃馀地，运斤成风……"

他曾在上元夜的残灯下看王维的画壁，恍然久之，不觉夜深。他也曾花费半年的工资买下吴道子的画作送给父亲收藏，以尽孝心。

而通过他留下的这些文字，我们也能从侧面看出他对书画乃至对生活的审美标准。

苏东坡是到凤翔一年后才拥有自己的官舍的。

虽名为官舍，实际上却是一个只有几株瘦树的小院子。

不过，这个小院子现在有了一名热爱生活又极富设计天赋的主人。

苏东坡先是在院子种了许多草木，春有桃李，夏有莲荷，秋有木樨，冬有梅竹，可供人四季清赏。他还专门从野外"邀请"鸟雀来筑巢，一时鸟鸣啾啾，整个院子都充满了生机。接着又凿出鱼池，加筑小桥，构建回廊、凉亭、轩窗、幽槛，闲暇时便可临池饮酒，花下卧眠，坐拥明月，静静品味自己亲手建造的一隅风雅。

当然，在工作方面，苏东坡也一直非常勤勉和出色，可以说是一个心怀百姓的务实派。

除了平时在办公室签署公文之外，苏东坡还要负责监督极为艰难的"衙前"服役。

所谓"衙前"，就是为朝廷提供义务劳动的百姓，他们有时为边疆的守军运送粮食，提供军需，有时为京城运输终南山的木材，不仅极为劳累，更是要承担灾祸的风险，日子过得苦不堪言。

比如运输木材，经常是朝廷一声令下，"衙前"就必须赶在收货日期之前，把木材编成木筏，通过渭水流入黄河再送到京城。但万一遭遇枯水期，或者是涨水期，运输就会变得举步维艰，从而导致一场"衙前"的灾难，很多人都会因此受到处罚，轻则倾家荡产，重则坐牢丧命。

苏东坡决心改变这一政弊。

在深入了解情况之后,他便连夜写了一份长信给当朝宰相韩琦,反映凤翔"衙前"实况,并恳请朝廷,可以准许"衙前"根据水情来自行决定运送木材的时间,如此即可减少运输过程中的损失,又能减轻百姓的负担。

朝廷很快答应了苏东坡的请求。自此之后,"衙前"之灾便好转了一半。

苏东坡上任后的第二年,也就是嘉祐七年(公元1062年)的春天,小麦和稻谷正在成长,但已经有两季没有见着雨雪了,如果还不下雨,老百姓一季的劳作必将化为乌有。

苏东坡很着急,身为地方官,他忧心收成,求雨更是职责所在。经过一番沟通,他决定与陈太守斋戒三日,然后带着贡品上太白山求雨。

太白山在凤翔城南,是秦岭最高的山峰,相传山神就住在山上的庙宇里,他掌管一方风雨,经常还会化作小鱼在山顶的小池游玩。

为此苏东坡专门写了一篇祈雨的文章,对山神动之以情,晓之以理,希望山神能够明白久旱无雨的严重后果,不仅对百姓是一场灾祸,对神灵的口碑也有影响:

乃者自冬徂春,雨雪不至。西民之所恃以为生者,麦禾而已。今旬不雨,即为凶岁；民食不继，盗贼且起。岂唯守土之臣所任以为忧，亦非神之所当安坐而孰视也。圣天子在上，凡所以怀柔之礼，莫不备至。下至愚夫小民，奔走畏事者，亦岂有他哉？凡皆以为今日也。神其曷以鉴之？上以无负天子之意，下亦无失愚夫小民之望。

——《凤翔太白山祈雨祝文》

几天之后，山神仿佛听到了苏东坡的祈求，给凤翔下了一场毛毛雨。但显然，这一点雨水完全不能缓解灾情。

苏东坡想弄清楚原因，便深入群众，查阅典籍，终于发现了一条重要的线索，那就是山神被降职了。自从宋朝皇帝给山神封了一个"济民候"之后，求雨就再也没有灵验过了，而在唐朝，山神的封号可是"神应公"呢。

尽管苏东坡一直认为，让土地风调雨顺，应该是一方神灵的职责，但他还是立即写了一道奏折禀明仁宗皇帝，请求为山神加官（话说谁还能没有一点小性子呀，神仙也不例外，好吧，能理解……），然后再上太白山，走了仪式，知会了山神，又从庙前的小池里取了一盆"龙水"，打算带回来供奉。

怎料还在回城的路上，漫天的乌云就压过来了，苏东坡赶紧找路边的农夫借了一个篓子，伸手摘下一朵乌云，念道："云布多峰，日有焚空之势；雨无破块，人怀暍虐之忧。虽屡叩于明灵，终未怀于通感。府主舍人，存心为国，俯念舆民。燃香霭以祈祷，对龙湫而恳望。伏愿明灵敷感，使雨泽以旁滋；圣化荐臻，致田畴之益济……"

就这样,一场大雨终于劈头盖脸地降下来了,而且一下就下了三天,连绵的雨水润泽了大地,也让百姓的收成有了希望。

久旱逢甘霖,大喜事也。官吏们开始举杯庆祝,商贾们在市场上放歌,农人们在田地间舞蹈,悲伤的人霎时没有了忧愁,就连生病的人也好了一半。

而这件喜事也刚好可以用来给苏东坡新修的亭子命名。

于是,千年过后,我们在课堂上便多了一篇要求背诵的《喜雨亭记》。

……既以名亭,又从而歌之,曰:使天而雨珠,寒者不得以为襦;使天而雨玉,饥者不得以为粟。一雨三日,伊谁之力?民曰太守。太守不有,归之天子。天子曰不,归之造物。造物不自以为功,归之太空。太空冥冥,不可得而名。吾以名吾亭。

话说又有一次,苏东坡经过一条山路,身边有个士兵突然神情痛苦,丧失了理智,将自己的衣服全部脱了下来。同时山间狂风大作,大家都说是山神的责怪。

苏东坡觉得这位山神有点不讲道理,就跑到庙里去理论:

"此一小人如虮虱尔,何足以烦神之威灵哉?窃谓岳镇之重,所隶甚广,其间强有力富贵者盖有公为奸慝,神不敢于彼示其威灵,而乃加怒于一卒,无乃不可乎?"(对于山神您来说,一个士兵就像是虱虫草芥，有什么好劳烦您动怒的呢？可惜，在您掌管的地界，有那么多大奸大恶之徒，您却不敢对他们发火。）

一番理论后，山间的风更猛烈了，士兵们都很害怕，他们停止了脚步，担心山神会发更大的脾气。只有苏东坡依然行走在风沙里，昂首而立，正气凛然，无忧无惧，仿佛是在与山神对峙。

怎知过了半晌，风渐渐停了下来，那个士兵也恢复了正常。苏东坡微笑起来，他认为是自己用正气战胜了山神。

有人说，成年人只看利弊，小孩子才争对错。

但苏东坡心如赤子，无论对方是强权还是弱者，是神仙还是鬼怪，他都要辨明曲直是非。他也始终相信，一个人立足于世间，只要心存浩然正气，就能无愧于天地与道理。

只是世间终究不是每一件事情都有道理可讲，很多时候，年轻气盛的苏东坡也会感到沮丧和无力。

嘉祐八年（公元1063年）三月，京城发生了一件大事，仁宗皇帝驾崩了。

葬礼定在八月。所以在此之前，朝廷必须要用大量的木材来修建陵墓。那么也就是说，苏东坡曾经好不容易修改的"衙前"规定，也突然算不得数了。

雪上加霜的是，当时又遇上了干旱，渭河水位下降得很快，眼看就不能载运木材，苏东坡心急如焚，连饭都吃不下，只好再去找太白山的山神求雨。但他用尽了办法，费尽了口舌，还是没能打动山神。他又去渭河边找姜太公的灵魂帮忙，希望可以让渭水重新奔腾，早日解脱"衙前"的漫漫苦役，可是姜太公也没有听到苏东坡的诉求。

最后，"衙前"们就只能拖着木材，在泥浆中艰难前行，五个月日夜不息。

苏东坡也只能以诗哀叹：

"千夫挽一木，十步八九休。渭水涸无泥，菑堰旋插修，对之食不饱，余事更遑求……"

不能为百姓排忧解难，苏东坡一直觉得内心有愧，每天寝食难安，一下便消瘦了许多。

这一年秋天，好不容易把木材运完，他又接连生了几场大病。

在病中，他写下《思治论》，洋洋数千言，字字如刀戟，直指政治弊端，天下之患——"财之不丰、兵之不强、吏之不择"，继而提出革新之策——"课百官、安万民、厚货财、训兵旅""发之以勇，守之以专，达之以强"……处处为百姓着想，为家国之忧而忧。可惜上书朝廷后，却被宰相韩琦视为"书生之言"弃之。

他也依旧没忘记给子由写信倾诉心事，从凤翔到京城，信件十天一往返，他们从未间断过："明年岂无年，心事恐蹉跎""惟有王城最堪隐，万人如海一身藏""万事悠悠付杯酒，流年冉冉入双髭"……

他既担心自己蹉跎了岁月，又羡慕子由在京城的自由，病中思绪就像是一团乱麻，剪不断，理还乱。

这个时候的他，或许还在隐隐期盼一个日期的到来。

因为再过一年，他在凤翔的工作就可以任满，将回到京城接受新职，与子由相聚，然后换一个更大的平台，施展才华，实现报国之志。

而这时候，京城的一场政治风暴也正在酝酿，一个比他更执拗的人，正在朝堂上等待着他，与之一较高下。

生死离合，一如白云聚散

现在，她长大了，年华如玉，眉目盈盈，虽没有堂姐那般博学多才，但自有贤淑的品格和春水一般温柔的性情，能嫁给这位优秀的姐夫是她一生中最为骄傲的事。

治平二年（公元1065年）正月，苏东坡三年凤翔任满，终于可以携家眷回京供职了。

新登基的宋英宗比苏东坡年长五岁，非常仰慕苏东坡的文才，一听说苏东坡还朝了，便想将其召入翰林院，授予起草诏书的职务，也就是皇帝的机要秘书，日后还能直接提拔为宰相。

但宰相韩琦不赞成。他对皇帝说出了自己的理由——苏东坡的确很有才华，是一个可以成大器的人，他日也定然是要为天下所用的，那么就应该先放在朝廷培养着，循序渐进地让他成长，如此才能让天下人在仰慕他的同时，还能敬重他，信服他，而如今，他毕竟年纪太轻，且只有三年的文官资历，如果骤然破格录取，反而对他不利。

年轻的皇帝觉得有道理，却还想在老宰相面前为苏东坡再争取一下："可是这样的破格录取，唐朝也曾有过先例……"

老宰相坚持己见："陛下，还是让他按照规定来，先通过学士院的馆阁考试吧。"

皇帝叹息一声，同意了。

不久后，韩琦的政敌便向苏东坡悄悄透露了这段君臣间的对话，言语间似有离间之意。

苏东坡却笑道："韩公乃君子，故爱人以德。"

他相信韩琦是有德的君子，之所以不同意皇帝破格录取他，正是用德行在爱护他。

就这样，苏东坡又参加了一次入职考试，他交了两篇论文，结果以最高分入选直史馆，官居六品。

苏东坡名正言顺地接下了这份京城的新工作。"馆阁之职，最重文才"，在宫中的图书馆，他见到了许多之前无缘得见的珍本图书、名人字画，于个人兴趣而言，可谓如鱼得水，同时也磨砺了他在书画方面的才华。

这是一段悠然的时光。下班之后，他也会弹琴自娱，竹轩依依，信指如归，胸中古意，绵绵浩荡。

如果非要说有什么遗憾的话，那就是子由的外任，两兄弟又要开始鱼雁传书了。

然而，世间情分，一如白云聚散，命数也更是半点不由人。

这一年五月，芳龄二十七岁的王弗溘然离世。

丧妻痛，摧心肝。是年六月，苏东坡将妻子的灵柩暂放在京城西郊，准备日后再带她的香魂还蜀，安葬于苏家祖坟，母亲程夫人的身边。

怎料第二年四月，苏东坡的父亲苏洵又继而辞世，让他的心旧创未愈，又添新伤。

他谢绝了皇帝的赠银和友人的厚礼，只代父亲接受了朝廷的追封——光禄寺丞。苏洵在京的几年，一直兢兢业业，为宋室编写《礼书》与《易传》，那是他生前就值得享有的荣誉。

治平三年（公元1066年）六月，东坡与子由皆辞去了官职，准备由汴水入淮河，扶柩还乡，依礼守制。

这一次，欧阳修以同事及老朋友的身份为老苏撰写了墓志铭，英宗皇帝则专门指派了一条官船给苏家兄弟使用。

按照欧阳修所写的墓志铭，英宗皇帝对于老苏的去世是"闻而哀之"，或许对于这个喜爱文学的年轻皇帝来说，苏洵不仅是他的臣子，更是他仰慕的人的父亲。

只是这个时候的他还并不知晓，前不久他命司马光编修《资治通鉴》，将是他在位时唯一可以载入史册的政绩，而他与苏东坡的汴水一别，也将是人生中的最后一面。

又或许他也是有过某种预感的，毕竟药炉烟里岁月薄，他身体历来孱弱，要不然，昔日圣殿之上，与韩琦谈及苏东坡，他便不会有那一声身不由己的叹息。

当苏家兄弟守丧期满，第三次从故乡来到京城时，已经是熙宁二年（公元 1069 年）的春天。

这时，与苏东坡一起来到京城的，还有他的第二任妻子，王弗的堂妹王闰之。

多年前，东坡在眉山守母丧，闰之还只是一个尚未及笄的小女孩，还经常跟在堂姐夫的身后，听他讲述京城的趣事。他英俊、高大、幽默、热忱，且满腹文采，她一直记得他的音容与言行。

现在，她长大了，年华如玉，眉目盈盈，虽没有堂姐那般博学多才，但自有贤淑的品格和春水一般温柔的性情，能嫁给这位优秀的姐夫是她一生中最为骄傲的事。她甚至不知道什么叫官场险恶，她只知道，自己会一心一意地陪伴在他身边，与他一同迎接风雨荣光。

这时，京城的龙椅之上，也已经换了主人。

两年前的正月,英宗皇帝英年驾崩,十八岁的皇太子赵顼继位,是为神宗。

彼时,这位渴望国富兵强的少年天子望着大宋的江山——汴京城内,一片太平景象,青楼画阁,罗绮飘香,雕车宝马,金翠耀目,柳陌花衢,箫鼓喧空……然而透过繁盛的表象,他看到的却是强敌压境,索求无穷,军备废弛,人心涣散的外患;国库空虚,民不聊生,政事衰颓,暮气沉沉的内忧。

他不禁忧心如焚。

是的,他的心里有一团火,可惜放眼朝堂之上,那么多的天潢贵胄、文武大臣,他却看不到一个与自己心意相通的人。

一天夜间,他召见一名谙熟兵法的大臣,说起北辽战事,脸上布满了耻辱与痛楚。

"曾经,太宗自燕京城下兵败,被北虏穷追不舍,仅得脱身。行在服御的宝器,都为所夺,随行的宫嫔,皆沦陷虏中。太宗大腿上中了两箭,每年都要发病,后导致驾崩。这本是不共戴天的仇恨,我们却还要每年捐献那么多的金帛,去安抚他们的野心,难道为人子孙者,就应该这样吗?"

他字字伤心,末句一问,竟兀自掩面哭了起来。

而圣殿之外,宫灯长明,天地之间正飞舞着细细的雪花,宫墙外的许多人,都安然进入了梦乡。

他们不知道,那龙椅上隐忍又悲愤的哭声,会像丛林深处一只蝴蝶翅膀的颤动,将随着一个人不久后进京的脚步,而刮起一场政治革新的龙卷风,继而影响大宋王朝往后的命运。

与"野狐精"王安石交手

一天,王安石打开他的《字说》说道:"'波',水之皮也。"苏东坡觉得是无稽之谈,穿凿附会,便问他:"照你这么说,'滑'就是水之骨咯?"王安石无语。

是时候了。

熙宁元年(公元1068年)四月,神宗皇帝第一次见到久闻其名的王安石。

时年四十六岁的王安石才华卓绝,雷厉风行,曾给仁宗皇帝上过万言书论政改革,也曾数度拒绝英宗皇帝的召唤,如今,以江宁(江苏南京)知府身份"越次"(不必遵循朝廷的礼仪)进京的他,终于成了新皇的贵客。

垂拱殿内,雄心勃勃的神宗皇帝问王安石:"治国以何者为先?"

王安石淡然答之:"治国之道,当效法先代,革新现有法度。"

"唐太宗如何?"

"陛下,您当以尧、舜为标准,不必效仿唐太宗。尧舜之道,至简而不繁,至要而不迂,至易而不难,后来的人认为遥不可及,不过是因为缺乏了解。"

"卿这是在责备朕啊。不过，朕也不愿辜负卿的期望，还望卿全力辅佐朕，共济尧舜之道。"

"大有为之时，正在今日。臣当万死不辞。"

熙宁二年二月，为了改变大宋积贫积弱的局面，在神宗的鼎力支持下，被任命为副宰相的王安石开始变风俗，立法度，大刀阔斧地将他酝酿多年的理想付诸了行动，史称"王安石变法"：建立制置三司条例司，以主持新政；变富国之法——立均输法、青苗法、市易法、免役法、方田均税法、农田水利法，以充盈国库；变强兵之法——立保甲法、裁兵法、将兵法、保马法、军器监法，以稳定疆土；变取士之法——改革科举制度、整顿太学、惟才用人……

然而新法一出，朝廷党派也就此分野，群臣纷纷站队，最后分化成以王安石为首的变法派和以司马光为首的保守派。

王安石认为，"天变不足畏，人言不足恤，祖宗之法不可守"，时任御史中丞的司马光，曾有过五年的谏官生涯的他则认为，对于祖宗之法，应该"存其善而革其弊"，可以节俭，可以整治，但首先要以百姓为主，安定民心，就像是一间大的房屋，可以修整不好的设计，可以弥补漏洞，但重要的构架不可拆除，更不必再造一间。

因为最核心的政见各不相同，两党经常在朝堂上水火不容，针锋相对。

譬如立青苗法时，王安石的想法是在每年二、五月青黄不接时，官府给农民提供贷款和贷粮，农民在丰收的季节连本带利归还，如此官府可以赚到钱，又限制了民间高利贷对农民的剥削，农民也可以获得最直接的帮助。

但司马光坚决反对，他告诉皇帝，农耕年代，农民的产出几乎是守恒的，王安石所谓的理财手段，不过是变了一种方式，将农民的钱都夺取到官府的口袋里。

事实也证明，变法的结果与最初的构想，的确有着云泥之别。

在变法之初，贷款本是"取民情愿"，但地方官吏多急于求成，为了邀功，便强迫农民贷款，这样一来，惠民变成了祸民，自愿也变成了指标，农民不可不贷，利息重重叠加，官府层层盘剥，加上原来的苛捐杂税，竟比天灾更甚，每到还款时间，农民只能受刑受苦，或负债逃逸，或卖儿卖女，或投河自缢……

诸如此类，各法流弊所至，皆民怨如沸。

所以这一次，还朝复官的苏东坡毫不犹豫地站到了保守派的队伍里。

曾几何时，他也希望朝廷能革新政法，奋刚健之威，但如今看到新法的种种弊祸，向来关心民生疾苦的他，内心却始终无法安宁。

与此同时，因为两党之争，许多老臣都失望地离开了京城，或辞官故里，或请求外任，显然，朝堂已成了没有硝烟的战场。

熙宁三年（公元1070年）正月，苏东坡求见神宗，谏言王安石科举改革之后的弊端。

神宗想起苏东坡的文名，便问他："如今政令得失安在？朕的过失，卿也但说无妨。"

苏东坡理性地指出了变法的得失，又说："如今，天下人以为是争利的，陛下却以为是仁义的，天下人以为是贪婪的，陛下却以为是廉洁的。"他将变法后的国家形容为"盲人骑瞎马，夜半临深池"，然后一针见血地指出："陛下，您天纵文武，不是因为不英明，不是因为不勤勉，也不是因为不果断，而是因为求治太速，听言太广，进人太锐。"

皇帝陷入了漫长的沉默。

苏东坡不知道自己是不是冒犯了天威，因为他说的每一句话都可能被杀头，被流放。但他的个性决定了他每一句话都必然发自肺腑，如若不然，就会像吃了苍蝇一样难受，哪怕是面对皇帝，他也会直言不讳。

但在告退时，他却听到皇帝温和地对他说："苏卿身在馆阁，能为朕深思治乱，不必有什么顾虑，卿所献之言，朕自会深思熟虑。"

皇帝的话让他看到了扭转政局的希望，而皇帝的宽容又让他感动不已，他满面春风地走出宫门，迫不及待地把这个好消息告诉了朋友们。

这件事很快传到了王安石的耳朵里。

王安石提醒皇帝，自己才是皇帝最忠实的盟友，至于苏东坡，虽才学颇高，但所学不正，且非我同盟，其心必异，故不足为信。

皇帝没有阻止新法推行的进度，但也保留了苏东坡一部分的意见。

刚正不阿、文采翩翩的苏东坡给皇帝留下了很不错的印象。

皇帝接下来便跟王安石商量，想把苏东坡调到身边来，给自己修《起居注》（记录皇帝的一言一行）。

王安石生气极了，他压下自己内心的熊熊怒火，再一次用他的辩才说服了皇帝。在他眼里，苏东坡无疑是保守派那边军师级别的人物，如果让其与皇帝朝夕相处，那简直就是给自己招来了一个卧底。

一段时间过后，苏东坡就被王安石任命为开封府推官。

王安石本意是让苏东坡忙得团团转，从而远离朝政，同时远离晋升公卿宰相的机会，毕竟推官是一份极为烦琐的工作。

就像这一年的冬天，他的很多对手都已铩羽而去，如欧阳修、韩琦、司马光、张方平等老臣都离开了京城。

为了明哲保身，还朝后被安排在王安石手下任职的子由也离开了。

苏东坡一个一个地去送别他们。

他是个泪点低的人，每次想念亲友的时候，都能热泪盈眶。孤独的时候，便只能将一腔愁闷都倾诉在笔墨之间。

闭户时寻梦，无人可说愁。
还来送别处，双泪寄南州。

——《次韵子由初到陈州二首》

当时的王安石已经成为一人之下，万人之上的宰相，并完成了《字说》二十四卷，论证字的构造与起源，正打算献给神宗皇帝，颁行天下。

同时，步入人生巅峰的他，也愈发专断独行，没有人可以改变他的想法，哪怕明知是错，他也绝不回头。

可惜这样的个性用在政治上，通常都会酿成灾难。

王安石死后被人称为"拗相公"，当权的时候，只有苏东坡敢公然反驳他，不管是政论，还是文学。

一天，王安石打开他的《字说》说道："'波'，水之皮也。"

苏东坡觉得是无稽之谈，穿凿附会，便问他："照你这么说，'滑'就是水之骨咯？"

王安石无语。

苏东坡又问："那么你知道'鸠'字为何是九个鸟吗？"

王安石解释不出来。

苏东坡决定戏弄一下王安石，就说："《诗经》里有个句子：'鸤鸠在桑，其子七兮。'你看七个小鸟，再加上它们的爹娘，不正好是九个啦？"

看到王安石一本正经地听着，苏东坡实在忍不住，当场便笑得直不起腰来。

当然，这样的"笑话"，与其说关乎文化和学问，不如说是一面个性的镜子。

因为撇去政见和个性，苏东坡还是很佩服王安石的文采，王安石的诗词也曾让苏东坡发出过"此老真乃野狐精也"的感叹。

而且这个被梁启超称为"不世出之人才"的高士，"视富贵如浮云，不溺于财利酒色"，私生活也滴水不漏，尽善尽美。他清廉得可怕，拒绝坐轿，拒绝纳妾，万事节俭，死后没有任何遗产，似乎为了那个救国的理想，他已经修炼成了金刚不坏之身。

即便是与政敌过招，被皇帝罢相的时候，他的精气神也依然屹立不倒，睥睨一切。

直到他的儿子王雱因病离世，他的阿喀琉斯之踵才真正地被击中，从此便一蹶不振，心气涣散，隐居在金陵，再也不理会人间世事。

当时，熙宁三年冬天的王安石，还在忙着懊恼，苏东坡的名字又出现在了皇帝面前。

国丧已满，神宗想在宫中举办一个规模空前的上元灯会，讨祖母和母亲欢心。为了节省开支，保证货源，皇帝又下令低价收购灯笼，禁止百姓购买。

一时间，京城的百姓和商户都纷纷叹气。

苏东坡知道后，立即写了一篇谏言给皇帝，希望皇帝不要损害老百姓的衣食之计，继而失了民心。

皇帝思索了一番，觉得苏东坡的话很有道理，遂收回成命。

这件事不仅让苏东坡"惊喜过望，以至感泣"，还让他相信，神宗是一位从善如流的皇帝，那么就算自己一次又一次地冒死谏言，也是值得的——"有君若此，其忍负之？唯当披露腹心，捐弃肝脑，尽力所至，不知其它。"

于是，熙宁四年（公元1071年）二月，苏东坡决定再次为民请命。

"以蝼蚁之命，试雷霆之威"，冒着"大则身首异处，破坏家门，小则削籍投荒，流离道路"的危险，苏东坡夜以继日，几易其稿，奋笔写下长达数千言的《上神宗皇帝书》，恳求皇帝废黜新法，罢制置三司条例司：

> 臣之所欲言者三，愿陛下结人心，厚风俗，存纪纲……孔子曰："工欲善其事，必先利其器。"又曰："必也正名乎。"今陛下操其器而讳其事，有其名而辞其意，虽家置一喙以自解，市列千金以购入，人必不信，谤亦不止。夫制置三司条例司，求利之名也；六七少年与使者四十余辈，求利之器也。驱鹰犬而赴林薮，语人曰："我非猎也"，不如放鹰犬而兽自驯；操网罟而入江湖，语人曰："我非渔也"，不如捐网罟而人自信。故臣以为，消谤莫以召和气，复人心而安国本，则莫若罢制置三司条例司。夫陛下之所以创此司者，不过以兴利除害也。使罢之而利不兴，害不除，则勿罢；

罢之而天下悦，人心安，兴利除害，无所不可，则何苦而不罢？

他继而一步一步拆穿新法实行的真相——"愁怨之民，哭声振野"，而当时奉朝廷之命前去调查的人，皆言"民尽乐为"。

青苗放钱，自昔有禁，今陛下始立成法，每岁常行，虽云不许抑配，而数世之后，暴君污吏，陛下能保之与？异日天下恨之，国史记之，曰青苗钱自陛下始，岂不惜哉？

苏东坡就像魏徵进谏唐太宗一样提醒皇帝，水可载舟亦可覆舟，失人心者必失天下——"臣愿陛下解辔秣马，以须东方之明，徐行于九轨之道，甚未晚也。"

这封谏言书呈上去之后，苏东坡满怀期待，希望可以一石激起千层浪，但遗憾的是，只荡起了几丝小小的波纹。

皇帝除了下令禁止强迫农民贷款之外，对新法并未做任何的改动。

反而是苏东坡，不久后便遭到了弹劾，也是他入仕之后遇到的第一支冷箭。

弹劾他的人正是王安石的亲戚，那个人告诉皇帝，苏东坡的人品有问题，因为苏家兄弟当年护送父亲的灵柩回乡时，曾滥用职权，差借兵卒，且在船内贩卖私盐、瓷器和苏木等物品，从中谋取私利。

为了将案件"调查清楚",御史台摆出了很大的阵势,还逮捕了许多人,包括曾经与苏东坡同行的兵卒和船夫。

王安石在皇帝面前趁热打铁:"陛下,您为什么不罢黜苏轼呢?莫非是爱惜他的才华?您要知道,如果要驯服一匹顽劣的马,就必须减少粮草,加重他的负担,才能将其驯服为我所用。像苏轼这样的人,若不将他逼入困境,使其自我悔过,怎么能为陛下所用呢?"

朋友们都担心苏东坡有牢狱之灾,其中就包括已经离开京城的司马光。

为了帮助苏东坡洗清冤屈,司马光匆匆进京,到垂拱殿求见皇帝。

皇帝问司马光,苏东坡的人品到底如何。

司马光凛然反问之:"昔日苏轼丧父,韩琦送他三百两银子,欧阳修送他二百两,他都谢绝了,现在,有人说他在船上夹带私盐,敢问陛下,是贩卖那么一点私盐赚的钱多,还是别人送的银子多?王安石素来痛恨苏轼,陛下应该知道。但那个弹劾苏轼的人,不正是王安石的鹰犬吗?如果说起人品,苏轼虽谈不上完美,但怎会比李定差?李定不服母丧,禽兽不如,王安石还要提拔他,那又为什么要针对苏轼呢?"

不知是司马光的一番话起了作用,还是因为弹劾案的取证一直毫无收获,苏东坡最后并未入狱,也未定罪。

但苏东坡因为这件事，倦怠了好几个月。

或许对于他来说，被人暗算，被人冤枉都是意料之中的事，党争嘛，正常。

他也不屑争辩，辨书都不打算写。

他只是伤心，一个莫须有的罪名，一个显而易见的事实，竟然让他失去了皇帝的一部分信任。

他曾为之惊喜，为之感动，想要为其披露腹心，捐弃肝脑的人，即便是对他产生百分之一的怀疑，对他都是伤害。

不过好在接下来发生的事，也算小小地慰藉了一下他的心伤。

塞翁失马，焉知非福，因为弹劾案一事，苏东坡将被调离京城。王安石想让他去颍州（安徽阜阳）担任通判，使其孤立无援，在困境中自悔，皇帝却顺水推舟，将他的外任之地改成了杭州，令其在东南第一州，用才华与美景一起发光发亮。那里不仅有水光潋滟，山色空濛，更有烈酒如歌，佳人若画，良朋如金……

所以，也可以说，虽然王安石为他关上了汴京城的一扇门，皇帝却又悄悄地为他打开了另一个小宇宙。

外放杭州，霹雳手段与菩萨心肠兼具

如此想一想，人生还真是多有失意。若不是远方一直有子由这样的深情手足在，若不是身边常有良朋美景，还真不知道要如何一慰这铮铮

一

从微小琐碎，到千钧重量，都是他眼里的人间欢愉。

东坡这个名字，随着日升月落，一点点渗入他的生命，见证他化人生起落为自得其乐的若干年岁。

如果灵魂是一个容器，那么他已盛满诗意的蜜酿，任凭时光投入世间的万般滋味，最终都化作清甜。

这种诗意的酿造，超越了当时的欢愉，优化了生命，所以他便能轻易地立于天地之间，与芸芸众生区分。

1101	1100	1097	1096	1094	1093	1091	1089	1086
65岁	64岁	61岁	60岁	58岁	57岁	55岁	53岁	50岁

哲宗时期（元祐元年——元符三年）

高太后垂帘听政（元祐元年——元祐八年）

- 50岁：旧党司马光主政，苏轼擢升内相，但抗议司马光对新法的全盘否定。
- 53岁：不耻纷争，自请外任，再赴杭州任太守，筑苏堤。
- 55岁：朝堂争斗不断，返京后出任颍州太守。
- 57岁：继室王闰之去世。高太后崩，旧党失势。

哲宗亲政（绍圣元年——元符三年）

- 58岁：谪居惠州。
- 60岁：朝云去世。
- 61岁：谪居海南儋州。
- 64岁：哲宗崩，徽宗诏令苏轼北归。

徽宗时期（建中靖国元年）

- 65岁：（建中靖国元年七月二十八日）北返途中病重，逝于常州，次年葬于汝州郏城钓台乡上瑞里，苏辙作墓志铭。

神宗时期（熙宁元年——元丰八年）

- 1068　32岁　迎娶第二任妻子王闰之（元配王弗的堂妹）。
- 1069　33岁　返京复官。新党王安石变法。
- 1070　34岁　请求皇帝罢免王安石，失败后遭诬陷。次子苏迨降生。
- 1071　35岁　请求外任，得出任杭州通判。
- 1072　36岁　第三子苏过降生。
- 1073　37岁　杭州大旱，苏轼赈济灾民。
- 1074　38岁　收留王朝云。王安石第一次罢相，苏轼任密州太守。
- 1075　39岁　苏轼密州出猎，王安石复相归京。
- 1076　40岁　苏轼超然台悟道，王安石失子隐退。
- 1077　41岁　任徐州太守，抗洪镇水，文倾天下。
- 1079　43岁　任湖州太守。因诗入狱，史称『乌台诗案』。
- 1080　44岁　谪居黄州，担任黄州团练副使。
- 1082　46岁　筑东坡雪堂，号『东坡居士』，作前、后《赤壁赋》。
- 1084　48岁　获神宗皇帝复用，苏轼求居常州。
- 1085　49岁　高太后垂帘听政，重用苏轼为登州太守。

苏东坡年表

仁宗时期（景祐三年——嘉祐六年）

1036（公元纪年） 3岁
出生（景祐三年十二月十九日）苏轼出生于四川眉山。

1039 3岁
苏轼弟弟苏辙出生。

1054 18岁
迎娶第一任妻子王弗。

1057 21岁
与弟弟苏辙同科高中进士，文章震惊京城文坛。
母亲程氏去世，返乡服孝。

1059 23岁
举家前往京都，长子苏迈降生。

1061 25岁
苏轼应中制科考试，入第三等（第一第二等均为虚设），出任凤翔府判官。

英宗时期（治平元年——治平四年）

1064 28岁
入职史馆。

1065 29岁
元配妻子王弗去世。

1066 30岁
父亲苏洵去世，返乡服孝。

铁骨，菩萨柔肠。

熙宁四年（公元1071年）七月，苏东坡带着家人沿水路离开汴京，前往杭州上任。

出京之后，他先是去了陈州（河南淮阳，又名宛丘）看望子由。

当时，子由正带着妻儿在陈州当教书先生，全家挤在一间破败的小房子里，蔬食三餐，风雨飘摇。

一见到弟弟，苏东坡的眼泪就下来了。

然而看到子由高大的身躯弓在低矮的教室里，他马上又露出了顽皮的本性，忍不住打趣弟弟："宛丘先生长如丘，宛丘学舍小如舟。常时低头诵经史，忽然欠伸屋打头。"

不久后就是中秋，他打算陪伴子由一起度过。

很多年后，他还常会想起这一年跟子由畅所欲言，望月感怀的闲适与美好。

近别不改容，远别涕沾胸。
咫尺不相见，实与千里同。
人生无离别，谁知恩爱重。
始我来宛丘，牵衣舞儿童。
便知有此恨，留我过秋风。
秋风亦已过，别恨终无穷。
问我何年归，我言岁在东。
离合既循环，忧喜迭相攻。

悟此长太息，我生如飞蓬。
多忧发早白，不见六一翁。

——《颍州别子由》

苏东坡去看子由，在陈州住了好一段时间，却是在颍州和子由分别的。

因为苏东坡向子由辞行后，子由去送他，又一不小心就送到了颍州。

那就干脆一起去找欧阳修老师喝酒吧！

于是，便有了苏家兄弟与六一翁泛舟同游的人生快事。

欧阳修辞官之后，执藏书一万卷，金石遗文一千卷，琴一张，棋一局，酒一壶，加老翁一个，自号"六一居士"，这一年，正好在颍州闲居。

欧阳修这一年不过六十有四，但因仕途忧劳，疾病缠身，当时已白发苍苍，形如槁木，翌年便憾然辞世了。而苏家兄弟前来小住的这段时光，已经是他去世前气色最好的一段日子。

欧阳修告诉苏东坡，如果在杭州没有交到朋友，尽可以在公务之暇去西湖孤山找惠勤和尚，惠勤文雅清逸，通晓佛法，又擅长作诗，是个可以深交的朋友。日后，惠勤果然成了苏东坡在杭州的知己。

当然，除了谈论政事与诗词，以苏东坡的个性，他可不会放过任何一个质疑和"斗嘴"的机会，哪怕是和自己的老师。

一天，欧阳修跟他谈起一件趣事——有一个人生病了，医生问他为何得病。那人说："我乘船遇到了大风浪，受了惊吓。"船上使用多年的舵把，有一处已经被舵工的手汗浸得变了颜色，医师就在那里刮下一点粉末，掺上丹砂、茯神之类的东西，让病人冲水服下，病人就痊愈了。

欧阳修感叹道："《本草》里有止汗的方法，用麻黄根节和旧竹扇碾成粉末冲服，其实跟这件事异曲同工，看起来有些儿戏，但通常还真的能将病治好，所以也不好意思质疑他们呀。"

不过苏东坡很好意思呀！

他问老师："把笔墨烧成灰给一些学者喝，难道可以医治他们的愚昧和懒惰吗？"

欧阳修摇摇头。

苏东坡又说："以此类推的话，那么饮下伯夷的洗漱水，就可以免于贪婪；吃下比干吃剩的食物，就可以祛除内心的奸佞；舔一舔樊哙的盾牌，就可以治疗胆小；闻一闻西施的耳环，就可以治愈恶疾了？"

欧阳修说不过他，却也心服口服，遂哈哈大笑起来。

愉悦的时光总是稍纵即逝，在颍州住了二十几天后，转瞬便到了分别的时刻。

苏东坡又是一阵伤心。恩师的身体每况愈下，子由也不能再送他往前，何时才能与之再见？

从青衫到白发，惟愿人生无离别。

一直到十一月末,苏东坡一家才慢悠悠地抵达杭州。

这个冬天,苏东坡的第二个孩子已满周岁,他自己也正不徐不疾地向不惑之年迈进。官场十年,离合循环,忧喜交集,在汴京到杭州的旅程中,他似乎想通了许多事情,自少年时离开故乡,一路世事沉浮,身如飞蓬,到哪里都不过是一场随遇而安。

所以,站在凤凰山顶的官舍边,看着钱塘江的风帆浪舶,江涛烟云,西湖的楼台舟子,碧波如镜,他写下了这样的诗句:

未成小隐聊中隐,可得长闲胜暂闲。
我本无家更安往,故乡无此好湖山。

——《六月二十七日望湖楼醉书》

每个步入仕途的文人,内心里都有一个"致君尧舜"的志向,也都有一个隐居林泉的梦想。就像孔子说的"邦有道则仕,邦无道则隐",孟子说的"穷则独善其身,达则兼济天下",仕途失意的时候,山林便是退避之所。

但人生总有那么多的不得已。比如白居易就想开了,他在《中隐》诗中写道:"大隐住朝市,小隐入丘樊。丘樊太冷落,朝市太嚣喧。不如作中隐,隐在留司官。"

如今,苏东坡也到了人生中的中隐阶段。

不过,苏东坡的工作并不清闲。

通判的职位相当于我们今天的副市长，苏东坡需要监试乡举，为朝廷在人才选拔方面把好第一道关；需要奔走于各县之间，赈灾救民；需要深入乡里，倾听百姓的声音，助其解决生活上的燃眉之急。

比如为杭州人民疏通六井，就是一项伟大的政绩。

按照苏东坡的《钱塘六井记》所说，很久很久以前，钱塘江的潮水向东冲向西陵，在此形成低洼潮湿的盐碱地，后慢慢发展成为种植桑麻的地方，又经过很长的时间，才成为人口聚居的城市。

但这里的水质又苦又臭，人们只能依山凿井，才得以用小部分的泉水续命。一直到唐朝，宰相李长源才开凿六井，引西湖淡水供百姓饮用。之后，刺史白居易在治理西湖时，也疏通过六井。

熙宁五年（公元1072年）秋天，太守陈述古上任，令苏东坡着手整治六井。苏东坡则利用自己灵活的头脑和广大的人脉，一下找了二十几位各行各业的朋友来出谋划策，很快便获得了一份完美的疏通方案。

到了第二年春天，六井全部疏浚完毕，正好赶上了干旱之年。当时，杭州周围各地的水井都干涸了，老百姓已经到了水贵如油，相互用瓦罐装水赠送亲友的地步，而杭州的百姓却可以放心饮用，每天洗澡都不成问题。

当时，所有前来打水的人，都会诵佛来为地方官祝祷。

所谓霹雳手段，菩萨心肠，莫过如此。

有时候，苏东坡还要接待外邦来的使者。

苏东坡到任不久，有一批高丽的朝贡使者来到杭州，他们态度横暴放肆，对州郡官员也是傲慢无礼，甚至在公文上不写大宋的年号。

对待百姓，苏东坡一直是满怀悲悯，而对待这样的凶恶之人，他自然要给他们一点颜色瞧瞧，他可不是让人欺负惯了的软弱官员。

他先是对其警告，既然是远夷慕化而来，希望与大宋共谋北辽，就应该凡事恭顺，倘若不立刻悔改，他就会马上出奏，让对方后果自负。

这一招果然有效打压了对方的嚣张气焰。

然后，他又拒绝收受朝贡的公文，声称："高丽称臣本朝，而公文上不禀正朔，我不敢收。"

高丽使者们没有办法，只好恭恭敬敬地写上"熙宁"的年号，而且从此再不敢犯。

然而苏东坡能够根治高丽使者的骄纵，却无法改变大宋日益孱弱的现实。

而且万分讽刺的是，他分明站在变法派的对立面，来到杭州，却要亲手执行革新之法。

他还有一项工作就是负责"问囚决狱"。

囚从何来？天可怜见，青苗法实施后，每天都会有穷苦的百姓因交不起繁重的租金而入狱。

他没有能力更改律法，又不得不手执判笔坐在堂上，看着手无寸铁的百姓被鞭打。他觉得羞耻极了,每一声百姓的哀号落在耳朵里,都像是烙铁烙在身上一样。

这一年的除夕,本该是与家人团圆的日子,苏东坡却要加班,忙着提审贩卖私盐的囚犯。这些囚犯也不过是为了在新政的重压之下,换一口气,铤而走险,讨一口饭吃。

他写信给朝中的旧友,向其陈述新政的流弊与百姓的困境,然后为这些囚犯求情,写着写着,便眼泪汪汪。

是夜,他又题了一首诗在官府的墙壁上,发了一通无用的牢骚。

可见,他已经把朋友们"杭州虽好莫题诗"的劝诫抛到了九霄云外。

所以他也不知道,他现在发过的牢骚,吐过的肺腑之言,几年后都会变成小人诋毁他的证据和攻击他的利器。

除日当早归,官事乃先留。
执笔对之泣,哀此系中囚。
小人营糇粮,堕网不知羞。
我亦恋薄禄,因循失归休。
不须论贤愚,均是为食谋。
谁能暂纵遣,闵默愧前修。

——《除夜直都厅,囚系皆满,日暮不得返舍,因题一诗于壁》

江南是食盐的重要产地，自王安石改革盐法之后，盐民愈发贫苦交加，而且刑罚也极为残酷。如果有人敢触犯盐例，轻则入狱服刑，重则家破人亡。

不久后，朝廷要开凿一条运盐河，在杭州征百姓千余人日夜赶工。

那一段时间正逢雨季，苏东坡前往工地督役，看着百姓们每天在冷雨中劳作，身上的衣服从未干过，在齐腰深的泥浆中摸爬打滚，犹如落进泥坑的猪鸭，不禁悲愤不已：

盐事星火急，谁能恤农耕。
薨薨晓鼓动，万指罗沟坑。
天雨助官政，泫然淋衣缨。
人如鸭与猪，投泥相溅惊。
下马荒堤上，四顾但湖泓。
线路不容足，又与牛羊争。
归田虽贱辱，岂识泥中行。
寄语故山友，慎毋厌藜羹。

——《汤村开运盐河雨中督役》

在写给子由的信中，他进一步倾诉烦恼：

"平生所惭今不耻，坐对疲氓更鞭棰。道逢阳虎呼与言，心知其非口诺唯。名高志下真何益，气节消缩今无几。"

他将自己比作受困的兽和鱼，曾是逍遥自在身，如今却是百日愁叹一日娱。

他说，在这个岗位上，我已经变成了自己曾经讨厌的那种人。

如此想一想，人生还真是多有失意。

若不是远方一直有子由这样的深情手足在，若不是身边常有良朋美景，还真不知道要如何一慰这铮铮铁骨，菩萨柔肠。

西湖若梦，湖山处处似曾识

有一次去寿圣院，苏东坡更是觉得周遭景物无比熟悉，便对身边的人说："我平生从未到过这里，而眼前所见，皆如亲历，若真是如此，自此上至忏堂，当有九十二级台阶。"然后派人去数，果然一模一样。

"江南忆，最忆是杭州。山寺月中寻桂子，郡亭枕上看潮头。何日更重游？"

杭州，这个曾经让白居易在暮年念念不忘的地方，现在，又成了与苏东坡的命运息息相关的地方。

这一次，苏东坡将在这里生活长达三年的时间，与美丽的湖光山色朝夕相伴。直至多年以后，回首一望，撇去工作的烦忧和仕途的不顺，此地的点点滴滴，依旧是记忆中的珍藏，流年里的梦痕散发着亲人相见般的温情。

苏东坡有多喜爱杭州呢？

就像贾宝玉见到林黛玉，会说"这个妹妹我曾见过的"，苏东坡到了杭州，也觉得前缘扑面，处处似曾相识。

他在诗中写："前生我已到杭州，到处长如旧日游。更欲洞霄为隐吏，一庵闲地且相留。"

后来苏东坡告诉朋友，他的前生就是寿圣院的一名山僧，如今的僧人们，都是他的法属，他死后愿意葬在西湖边上，魂归寿圣院，化作伽蓝，护一方平安。

而自此之后，苏东坡便经常一个人去寿圣院。夏天的时候，他喜欢躺在山寺的竹影下乘凉，有时还会脱去上衣，闭目小憩。

据说有一个小沙弥，曾亲眼看见苏东坡背上有七颗黑痣，排列恰如天上的北斗七星，于是情不自禁地屏住了呼吸，从此把一生的敬畏都献给了眼前这个光着膀子睡午觉的人。

很多年后，小沙弥做了住持，苏东坡也已仙逝，他才把那个年久日深的"秘密"透露给世人，声称苏东坡乃神仙下凡，来杭州是为了考察民情。

或许真的与前世的因缘有关，加之成长环境中的耳濡目染（程夫人是位虔诚的佛教徒），苏东坡儿时就对佛典很感兴趣，也喜欢与僧人交往，比如来到杭州的第三天，他就抽空去了孤山，拜访欧阳修提及过的惠勤和尚。

是日,飞雪欲来,漫天云雾,远处的楼台时隐时现,犹如海市蜃景,水中的鱼影历历可数,仿佛游荡在天际。苏东坡穿过西湖的云水,沿着盘纡的小道,前去山寺访僧。渐入林深之处,只觉万籁俱寂,唯有鸟鸣欲滴,清凉如洗,好像可以引人走向凡尘之外。

而山中竹屋内,纸窗微明,暖意弥漫,有二僧正坐于蒲团之上,看似孤绝清冷,实则自在圆融。

在苏东坡看来,世间的高僧,莫不是人生的哲学家。

如眼前的二僧,无论是与之谈文学,论佛法,还是聊一聊朴素淡泊的生活之道,都能让自己受益良多。

只是天寒路远,黄昏如催,他必须赶在天黑之前起身告辞。

出山回望时,僧舍竹屋已在云雾深处,视线里只余古木暮色两苍茫,野鹘盘浮在空中,一切有如庄周一梦,恍然间不知身在何方。

天欲雪,云满湖,楼台明灭山有无。
水清石出鱼可数,林深无人鸟相呼。
腊日不归对妻孥,名寻道人实自娱。
道人之居在何许,宝云山前路盘纡。
孤山孤绝谁肯庐,道人有道山不孤。
纸窗竹屋深自暖,拥褐坐睡依团蒲。
天寒路远愁仆夫,整驾催归及未晡。
出山回望云木合,但见野鹘盘浮图。

> 兹游淡泊欢有余,到家恍如梦蘧蘧。
> 作诗火急追亡逋,清景一失后难摹。
>
> ——《腊日游孤山访惠勤惠思二僧》

但在民间,人们总喜欢对苏东坡和佛印和尚那些真假莫辨的故事津津乐道,大抵是因为,佛印是个精通佛法的高僧,却也是个活在清规戒律之外的花和尚,"酒肉穿肠过,佛祖心中留",这样的差异化,显然比循规蹈矩的和尚更吸引人。

比如有一则轶事说,苏东坡某夜备了许多酒菜,约黄庭坚游西湖,故意不叫好吃的佛印,怎料佛印早就打听了两人的行踪,事先即躲在了他们的船舱板下。

船至湖心时,苏黄二人便开始行酒令,要求前两句即景发挥,后两句用"哉"字结尾。

苏东坡抬头看着天上的明月说道:"浮云拨开,明月出来,天何言哉,天何言哉?"

黄庭坚则望向一湖碧波,亭亭莲荷,不紧不慢地说道:"莲萍拨开,游鱼出来,得其所哉!得其所哉!"

这时佛印在舱底早已馋得口水直流,一听黄庭坚说罢,就赶紧把船舱板推开,爬了出来,说道:"船板拨开,佛印出来,憋煞人哉!憋煞人哉!"

苏东坡和黄庭坚见此情景,都被逗得大笑起来。

而在文人与佳人的心目中，西湖上的苏东坡却是风雅的化身。

张爱玲有一句话，大意是说西湖有一种柔美，可以埋藏五千年以来的士大夫的温香绮梦。

想必起于苏东坡的那个绮梦，也是最令人陶醉的吧，相隔千年后，依然在西湖的波光里，风花如诉，柔情万千。

熙宁六年（公元1073年）的春天，苏东坡路过九仙山，听到山中有小儿在唱一支《陌上花》的童谣，含思宛转，幽远绵长。

他问当地的老人，才知道是吴越王钱镠在一个牡丹花开的春天写给王妃的书信："陌上花开，可缓缓归矣。"

这一句话，不经意间便触动了苏东坡的温柔情愫，眼前江山如故，身后昔人已非，只有那古老的爱情还在鄙野之间年年传唱，此中真意，远比一个王朝的风流更为绵长。

陌上花开蝴蝶飞，江山犹是昔人非。
遗民几度垂垂老，游女长歌缓缓归。

——《陌上花·其一》

陌上山花无数开，路人争看翠軿来。
若为留得堂堂去，且更从教缓缓回。

——《陌上花·其二》

生前富贵草头露，身后风流陌上花。

> 已作迟迟君去鲁，犹教缓缓妾还家。
>
> ——《陌上花·其三》

苏东坡不喜欢通判的工作，江南的风物美景却成了他灵感的天堂。

随着他笔下诗词在民间的大量传播，他的文名也即将到达巅峰时刻。他的上司热情邀请他参加各种各样的活动，以他出现在宴会上为荣。文人雅士们都渴望成为他的朋友，与他进行诗词唱和，相互切磋。所有的钱塘名伎们都想一睹苏子的风采，然后请他在自己的香扇上题词。

或许有必要提一下，按照宋朝制度，良家女子入乐籍后是为官伎，她们服从官府的管制，按月领取薪水，但只负责在宴会上跳舞、弹唱，或是陪酒，并非是青楼里的"性工作者"。如果官员与官伎有私情，就会被降职。曾经有个地方官员冒险与官伎谈恋爱，被王安石在皇帝那里告了一状，很快就丢了乌纱。

这些伎人的身世又多半凄凉苦楚，苏东坡虽风流倜傥，但他善良正直的本质并不同于有些官员，比如在对待伎人的态度上，从来都是充满了尊重和怜惜，哪怕是堕入风尘的女子，他也会叹上一句——自古佳人多命薄，闭门春尽杨花落。

而在当时蓄养家伎成风的社会里，苏东坡家里也仅仅只有几个侍女。他称她们是"搽粉的虞候"，也就是把她们当成副官看待。他对待妻子的心意，似乎不像是一个古代人。

比如苏东坡的朋友张先,寓居杭州时,已经八十几岁了,却还对买妾之事有着浓厚的兴趣。苏东坡调笑他是"诗人老去莺莺在,公子归来燕燕忙。"

乳燕飞华屋。悄无人,桐阴转午,晚凉新浴。手弄生绡白团扇,扇手一时似玉。渐困倚、孤眠清熟。帘外谁来推绣户,枉教人、梦断瑶台曲。又却是,风敲竹。

石榴半吐红巾蹙。待浮花浪蕊都尽,伴君幽独。浓艳一枝细看取,芳意千重似束,又恐被,秋风惊绿。若待得君来向此,花前对酒不忍触。共粉泪、两簌簌。

——《贺新郎》

相传这一阕词就是苏东坡写给官伎秀兰的。

一日西湖宴会上,群伎皆歌舞笙箫,给钱塘的官员们助兴。唯独秀兰未到,官府派人去催,方才姗姗而来。

苏东坡问其原因,秀兰小声解释道,是因为早起沐浴后,觉得困乏,便靠在榻上小憩了一会儿,不想竟一下睡意泛滥,误了时间,直到听到敲门声,才急忙换装赴会。

是时正是乳燕斜飞,榴花盛开的时候,秀兰便折下一枝半开的榴花,献给苏子,请求恕罪。

苏东坡被秀兰的诚实与机敏打动了,当即原谅了秀兰的迟到,而一名曾被秀兰拒绝的官员却还在不依不饶,趁机刁难羞辱,秀兰不禁粉泪簌簌。

苏东坡见状，马上令人备好笔墨，以一首新作为秀兰解围。

秀兰接过苏东坡的词稿，果然得以抽身，遂落座，调弦，轻启朱唇，望着学士，一字一柔情……

从此，秀兰再不唱别人的词，她的每一把团扇上，也都会绣一个"苏"字。

如果说秀兰对苏东坡的感情是感激加上暗恋，那么另外一名女子，对苏东坡的热爱就是一场浪漫的曲径幽深的表白。

一个夏日的傍晚，苏东坡正与张先坐在西湖边的亭台中欣赏美景，是时，雨过天晴，清风伴着荷香徐徐拂来，白鹭追逐着落霞，在空中划过美丽的弧线，目光所及之处，都是恰到好处的韵味。

忽闻一阵凄美的筝音，从湖心的画舫传出来，侧耳倾听，只觉山水含情，欲说还休，如梦如幻。

东坡一时听得痴迷，待一曲终了，正欲起身问舫中所弹曲子的名字，画舫却已经渐行渐远，最终消失在湖面上，只余青山隐隐，水波粼粼。

> 凤凰山下雨初晴，水风清，晚霞明。一朵芙蕖，开过尚盈盈。何处飞来双白鹭，如有意，慕娉婷。
>
> 忽闻江上弄哀筝，苦含情，遣谁听。烟敛云收，依约是湘灵。欲待曲终寻问取，人不见，数峰青。
>
> ——《江城子·湖上与张先同赋》

就在苏东坡写下这一阕词后,他才辗转得知,那一日画舫里的弹筝人,原来是杭州本地一名爱慕他多年的女子,只是待到有缘相见的时候,却已为人妇,恨不相逢未嫁时。

所以,她只能将所有的情意都化在一曲筝音里,然后日日在西湖边痴守,只为将那多年的思慕弹给他听,所幸终于得偿所愿。

苏东坡也终于知道了那首曲子的名字——《长相思》。

一曲销魂的筝音,一次点到为止的出场方式,让她完成了感情上的朝圣,一生便再无怅憾。

以我长相思,换你相思长,只是不知道,苏东坡心里有没有一星半点儿的遗憾?

苏东坡千年之前的点滴心事,已经成了西湖碧波之下的秘密,但另一个关于苏东坡度琴操出家的故事,却依旧在民间流传,如骤然凋零的落花,令人叹息。

琴操本是大家闺秀,琴棋书画,无一不通,后因家道中落,父母皆亡,才沦为歌伎,十六岁那年,她又因改韵秦观的《满庭芳》而名满钱塘。

苏东坡与琴操结识后,因为爱惜琴操的才情,曾数次劝她脱离乐籍,但她一直不愿意。

又一日,两人到西湖泛舟,东坡饮酒,琴操弹琴,湖上风恬浪静,两岸青山皆为陪衬。

舟至湖心时,东坡提议:"我为长老,你试参禅,可好?"

琴操笑诺。

东坡问:"何谓湖中景?"

琴操答:"秋水共长天一色,落霞与孤鹜齐飞。"

东坡问:"何谓景中人?"

琴操对:"裙拖六幅湘江水,鬓挽巫山一段云。"

东坡问:"何谓人中意?"

琴操回:"随他杨学士,鳖杀鲍参军。"

东坡不说话,他面前的女子实在是太聪慧了。

琴操有些迟疑,便问:"如此究竟如何?"

东坡道:"门前冷落车马稀,老大嫁作商人妇。"

一语惊醒梦中人,也终是掐断了她心底的最后一丝念想:"谢学士,醒黄粱,世事升沉梦一场。奴也不愿苦从良,奴也不愿乐从良,从今念佛往西方。"

从此之后,琴操果然削发为尼,再不鼓琴,沉心于玲珑山修行,声称再不问西湖边上的红尘旧事。

苏东坡去拜访她,不过是淡茶一杯,相对无言。

只叹,世间再玲珑剔透的女子,谎话说多了,也是连自己都相信。她说她会忘了他,怎知多年后,听到他被贬儋州,生死未卜的消息,竟还是会心神俱碎,几日后便香消玉殒。

苏东坡听说她过世的消息后,霎时痛悔肝肠——度琴操出家,并非佳话,而是红尘中最大的笑话。

人生自是有情痴,此恨不关风与月。

薄命的佳人，百年难得一闻的琴音，都可惜了。

或许，也只能叹一句，缘也，劫也，时也，命也。

因为如果琴操遇到苏东坡的时候，还只有十一二岁的年纪，以她的才学和东坡的怜惜之心，倒是有极大的可能进入苏家，为自己争取一段陪伴的情分。

就像王朝云一样。

水光潋滟晴方好，山色空蒙雨亦奇。
欲把西湖比西子，淡妆浓抹总相宜。

——《饮湖上初晴后雨》

这首诗是苏东坡的代表作，人称"前无古人，后无来者"，写于熙宁七年（公元1074年）的春天，西湖上最美好的季节。

不过也有人说，这是苏东坡写给朝云的第一封情书。

那时，朝云十二岁，但已经是钱塘小有名气的歌伎，通音律，性聪颖，貌若明月，苏东坡在宴会上一遇到她，便心生欢喜。

闰之看出了丈夫的心思，便主动托人除去朝云的乐籍，又将她带回家，安置在自己房中。

闰之知道自己的丈夫生活简朴，重情重义，从不与官伎厮混，也不喜欢纳小妾，但她希望丈夫身边可以多一个解语之人，或者说，她希望她做不到的某些事，可以由长大的朝云来完成，比如与丈夫在文学方面灵犀互通。

事实证明，长大后的朝云的确没有辜负闰之的美意。

朝云十八岁由侍女转为侍妾，在东坡最困苦的时候，都一直陪伴在他身边，敬他，爱他，懂他，也终是成为他灵魂深处私藏的珍宝，以及一生中情爱的归途。

密州治贫救饥，百姓倾城随太守出猎

当然，更多更深更细密更百转千回的心事，苏东坡还是愿意和子由倾诉，或者，就告诉月亮。子由是他永远的树洞，而月亮，人生代代无穷已，江月年年只相似，也早已看尽了人间如潮如汐的悲喜。

熙宁七年（公元 1074 年）九月，苏东坡在杭州已三年任满，便主动向朝廷申请外调，并明确表示自己最渴望去的地方就是济南附近。

原因有二。

第一，子由已经调到济南工作了，三年未见，苏东坡希望可以近水楼台，在公务之余，常去看望弟弟，以慰思亲之苦。

第二，朝堂风云再起，为了避免祸端，他并不想再回到那个巨大的政治漩涡中。

王安石罢相了。

是年春，因为许多地方发生饥荒，京城涌入了成千上万的流民，那些流民吃着树皮草根，衣不蔽体，骨瘦如柴，伤病交加，奄奄一息者无数。于是便有人画了一卷《流民图》，想尽办法送到了皇帝手中。皇帝失眠了，这卷图，就像一个火辣辣的耳光，打在了他的脸上。而这件事也震惊了后宫，光献太后对着皇帝哭诉："安石乱天下，不可再用……"

皇帝痛哭了一场，只能在重压之下让开封府开仓救民，同时废除了好几项新法。他第一次没有征询王安石的意见。

王安石知道，他与皇帝曾梦想共济的那条小船，已经在现实的风浪中，悄悄地翻了。

王安石主动请辞后，吕惠卿当政了。

如果说王安石是一个执拗的君子，那么吕惠卿就是一个奸诈的小人，为了满足自己对权利的欲望，昔日他可以对王安石言听计从，后来在王安石黯然离京后，他又可以挑拨离间，狠狠踩王安石一脚。而王安石，正是当初提携他的人。

所以说，明枪易躲，暗箭难防，苏东坡得知朝廷变动后，不禁仰天长叹。正好这时子由也写信劝他，务必远离京城，保命要紧。

而对于吕惠卿之流，苏东坡请求外调，正中他的下怀，他恨不得苏东坡永远不要出现在皇帝面前。

很快，朝廷的调令就下来了，苏东坡得偿所愿，他的新工作是到密州当太守，离子由所在的济南大约五百里。

不过在杭州待久了的他并不知道，因为冬季河水冰冻，航运停止，他那个绕道济南去见子由的计划，只好搁浅，而密州那片贫瘠的土地，也将送给他一份特别的"见面礼"。

是年十一月初，苏东坡的车驾在寒风之中越过了密州的界碑。

当时已经过了农忙季节，但他一路看到的，都是百姓们在田地间忙碌的身影，他们用杂草包裹死去的蝗虫，将其埋入深土之下，或是将含有虫卵的草皮烧成灰烬。这些工作，都必须赶在明年春天气温回暖之前完成，如若不然，卵化成虫后，这片土地势必会面临一场更大的灾难。

两百里地，三万斛蝗虫。苏东坡被这个数字震惊了。

于是，他上任第一件事就是调查灾情，而底下的官吏却告诉他："蝗虫非祸，可为民除草。"

"骗谁呢！"苏东坡气愤地说。

之前在杭州，他就见识过蝗灾的危害——声如巨浪，遮天蔽日，所到之处，寸草不留……且杭州的蝗灾还只是密州一带的余波，可想而知，密州的灾情是多么可怕和紧急。

他赶紧上书朝廷，请求减免密州百姓的赋税，然后亲自奔赴田间地里，带动全城百姓一起灭蝗，采用火烧的方式灭绝虫卵，并设下奖金，赏给灭蝗有功的人。

他又去请教当地的老农，得知土地越干旱，就越利于蝗虫生长，所以，他再一次踏上了求雨的征程。

他以一方父母官的身份去跟当地的山神讲道理，就像当初在凤翔求雨一样，斋戒沐浴，同时写下祭文。只不过这一次他的语气要严厉得多，"殄民废职，其咎唯均"，如果百姓都生活在水深火热之中，那么掌管天气的神灵也至少要负一半的责任吧？

或许是因为苏东坡的祭文让山神感到了愧疚，求雨竟非常顺利，不久便连降甘霖。

然而在那个年代，各方面的条件都有限，且密州灾荒年深日久，一到青黄不接的季节，还是会出现百姓"剥啮草木啖泥土"的悲苦景象，城中更是盗贼四起，许多刚出生的婴儿被遗弃在路边，哇哇的啼哭声让人不忍卒听。

苏东坡看在眼里，一如芒刺在背，羞愧难当。

他在诗中写道："秋禾不满眼，宿麦种亦稀。永愧此邦人，芒刺在肤肌。平生五千卷，一字不救饥。""磨刀入谷追穷寇，洒泪循城拾弃孩。"

面对盗贼，他绝不姑息。对于路边被遗弃的婴儿，他当竭尽全力收养。他家里最多的时候就曾收留过三四十名小婴儿。他用米汤为婴儿们续命，每天忙得昏天地暗。

不久后，苏东坡决定从根本上解决问题。

他先是下令开设了一家福利院，号召没有儿女的人家收养弃儿，然后又从官仓中拨出一批粮米，补贴给养不起孩子的准父母，劝其不要抛弃自己的骨肉。有数据记录，短短两年时间内，被苏东坡救活的孩子就已经高达数百人。

很多年后，苏东坡路过密州，那些长大的弃儿都纷纷下跪叩谢苏公昔日的救命之恩。

在苏东坡上任前，当地的百姓还没有见过这样的好官，恪尽职守，为国为民，尽管依然生活在贫苦之中，但新太守的到来，显然给密州这片土地带来了生的希望。

熙宁八年（公元1075年）十月，苏东坡又一次求雨成功后，非常讲信用地兑现了他对山神的承诺，将破旧的山神庙修葺一新。

庙成之日，他照例焚香斋戒三日，前往山中拜祭。回程时，他喝了一点小酒，借着酒力，正好会猎。

怎料得知太守出猎的消息，密州百姓竟倾城出动，一起来到了郊外为苏东坡加油，一时间，战鼓震天，遍野都是助威声。

苏东坡骑在马背上，只觉满身热血都在奔涌，试问哪一个男儿，不曾有过金戈铁马，保家卫国的青云之志呢？

然而就在几个月前的宋辽之战中，宋朝又痛失七百里疆土，他一念及便心痛难当。

老夫聊发少年狂，左牵黄，右擎苍。锦帽貂裘，千骑卷平冈。为报倾城随太守，亲射虎，看孙郎。

酒酣胸胆尚开张，鬓微霜，又何妨？持节云中，何日遣冯唐？会挽雕弓如满月，西北望，射天狼。

——《江城子·密州出猎》

这首词是苏东坡的惊世之作,也是他的得意之作。

时人皆惊叹,啊,原来词作也可以写得这般豪情天纵!

换言之,苏东坡改写了一种文学体裁的命运,用自己的风格为"词"赋予了新的精神内核。

要知道,在此之前,填词必偎红倚翠,浅斟低唱,世人还从未见过这般有凛凛豪气的作品。

在写给朋友的信中,苏东坡也谈到了这一首新作:"近却颇作小词,虽无柳七郎风味,亦自是一家,呵呵。数日前猎于郊外,所获颇多,作得一阕,令东州壮士抵掌顿足而歌之,吹笛击竹以为节,颇壮观也……"

当然,更多更深更细密更百转千回的心事,苏东坡还是愿意和子由倾诉,或者,就告诉月亮。

子由是他永远的树洞,而月亮,人生代代无穷已,江月年年只相似,也早已看尽了人间如潮如汐的悲喜。

"此生何所似,暗尽灰中炭",沮丧的时候,他总觉得自己老而无用,更怕光芒渐逝,垂老之时,一事无成……

夜深人静的时候,他梦见过王弗,对着月光写下:"小轩窗,正梳妆,相顾无言,惟有泪千行。"

他告诉子由,密州百姓贫苦,他自己也一样生活在贫苦之中。

唉,谁让人是有记忆的动物呢?之前他曾戏称杭州为"酒肉地狱",是"帐底吹笙香吐麝",如今到了密州这个"寂寞山城",已成了"火冷灯稀霜露下"。

他本是清官,薪水又大多用来救济灾民,平时日子就过得紧巴巴的,到了饥荒的时候,便只能和百姓一起受苦,更遑论什么温饱,什么美食了……

他说,子由啊,你看我也当了这么多年的官,只是这日子怎么就越过越穷了呢?

为了熨平心里的拧巴,他又疯狂地阅读庄子,想跟庄子学一点超然的心态。

庄子说:"独与天地精神往来而不敖倪于万物,不谴是非,以与世俗处。"一个人只要打破了心灵的壁垒,那么肉身在世间所遇到的任何困境都不能再限囿你的精神,你将与天地同在,自己成为自己的神明。

比如庄子穷苦了一生,临死时却认为自己是最富有的人——天地为棺木,日月星辰为奇珍,万物为送别之礼物。

他被潇洒的庄子打动了,也觉得自己通透了许多。

而这时正好有一座楼台修葺完毕,他告诉子由的时候,子由便寄了题名来,曰"超然台"。是灵犀,也是祝福,愿此台的主人,无所往而不乐,超然物外。

他也果然在《超然台记》中写:"凡物皆有可观。苟有可观,皆有可乐,非必怪奇伟丽者也。哺糟啜醨,皆可以醉;果蔬草木,皆可以饱。推此类也，吾安往而不乐……"

除了有时候被故人勾起的那一点乡思的心事。

春未老，风细柳斜斜。试上超然台上望，半壕春水一城花。烟雨暗千家。寒食后，酒醒却咨嗟。休对故人思故国，且将新火试新茶。诗酒趁年华。

——《望江南·超然台作》

熙宁九年（公元1076年）中秋，也正是在这座超然台上，他对着月亮，欢饮达旦，大醉之后，想起子由，又写出了一首与星月同辉的杰作——《水调歌头·中秋》：

明月几时有？把酒问青天。不知天上宫阙，今夕是何年？我欲乘风归去，又恐琼楼玉宇，高处不胜寒。起舞弄清影，何似在人间？

转朱阁，低绮户，照无眠。不应有恨，何事长向别时圆？人有悲欢离合，月有阴晴圆缺，此事古难全。但愿人长久，千里共婵娟。

名声太高，黄楼盛宴得意至极

他举起酒杯，邀月而饮，耳边是曼妙的笛声，在山谷间萦绕，小舟渐行渐近，三百年前的月光又斟满了美人的梨涡，楼下的水波则泛出天河一般的光泽，只觉人生乐事，尽在此时，"自李太白死，人间无此乐事，已三百年矣……"

这一日,徐州城内,黄楼落成。

晨光熹微时,他身披羽衣,登上了新筑的楼台,凭栏远望,四野皆是茫茫白雾,只有护城河的桨声以及百步洪的浪涛,隐约入耳。

他给自己倒了一杯酒,望着漫天的云雾,耐心地等待着。

渐渐地,阳光从东方溢出,冲淡了雾气,只见山川开阔,苍莽千里,阡陌纵横,麦浪起伏,桑麻蔚然,鸡鸭闲步,点点牛羊散落在遥远的水湄,民居安然地依偎在山脚,天地之间一派清平明澈。

古今多少兴亡事,都付杯酒笑谈中。他想起曾几何时,项羽也在此地看过这般景色,在这一方城池内,养战马成群,集猛士成林,振臂长啸间,风动云兴……不禁心潮澎湃。

如今,他也成了这座城池的主人,将在新楼之上,设几布筵,呼朋唤友,一声令下,全城皆应。

百姓们被他的能力与魄力所折服,也为他的才华与善心而感动。

他仰起脸,又饮下一杯酒,觉得整个身体都热了起来,如果可以,他多想在这里好好地再做一番功业,不为名,不为利,只为城楼下那震耳欲聋的欢呼声。

这时,楼台上的宾客也陆续到来了,包括徐州城所有的官员,以及许多从远方赶来的游侠、名士,有人还携带着满车的烈酒、满腹的豪情、满纸的诗词以及媚眼如丝的美妾。

一直到夕阳西尽,明月东出,这场盛宴才在歌舞管弦中落幕。

这一日，正是元丰元年（公元1078年）的重阳，这个登楼设宴的人，也已经步入了人生中的秋天，金灿灿，又沉甸甸。

苏东坡是熙宁十年（公元1077年）四月抵任徐州的。

徐州，又称彭城，华夏九州之一，自古乃兵家必争之地，盛产帝王、花岗石、美味的鱼蟹，还有壮士的刀剑。

这一年，苏东坡年过不惑，已经是三个男孩子的父亲，他最大的儿子正娶亲不久。

他很喜欢这里，楚风汉韵，山水灵秀，人情丰饶。他经常在公务之暇光顾城南的酒肆，那里的鲤鱼烧得最是让人念念不忘。

有一次，苏东坡出门在外，听到一个吃饭的老人说，徐州地下可能蕴藏大量的石炭（煤），他便立即派人到处勘测，果然在西南白土镇之北的某座山中觅到了矿藏。

他兴奋地写道：

湿薪半束抱衾裯，日暮敲门无处换。
岂料山中有遗宝，磊落如磐万车炭。
流膏迸液无人知，阵阵腥风自吹散。
根苗一发浩无际，万人鼓舞千人看。
投泥泼水愈光明，烁玉流金见精悍。
南山栗林渐可息，北山顽矿何劳锻。
为君铸作百链刀，要斩长鲸为万段。

——《石炭》

从此之后，煤就代替了南山栗木制成的木炭，来到了徐州的锻造业中。有了煤的加持，能工巧匠们更能把刀剑铸造得削铁如泥，无往不利。

按照苏东坡的说法，"为君铸作百链刀，要斩长鲸为万段"，这样的刀，拿去斩长鲸都是小意思！

只是天有不测风云，苏东坡上任不到三个月，徐州就遇到了一场大洪灾。

当时因为暴雨连连，黄河决口，大水自北向东泛滥，一路奔涌，淹没州县无数，眼看不久之后就要累及徐州。

苏东坡见势赶紧号令城中民工加固城墙，数千人日夜轮班，以备水患。

八月，洪水果然伴随着雷雨来到了徐州，被南面高山截挡之后，全都汇集在城外，水位节节上涨，眼看就要突破历年的数字，城池之内已是危在旦夕。

见此情景，城里的富人们纷纷收拾细软，打算出城避难。

苏东坡得到消息后，马上跑到城门边跟他们讲道理："你们若出城，民心必定大乱，还请看在万千生命的面子上，帮我一个忙。只要有我在，徐州城就不会溃败。"

而那些富人们看到太守身着布衫，挽起裤腿，满身泥浆为民操劳的样子（苏东坡为了监工，近一个月来，每天都睡在城墙的棚子里），心里也觉得万分羞愧，便再不提出城之事。

苏东坡暂时松了一口气。但他又必须马不停蹄赶到禁军的营地，向禁军统领求助。

他表明自己的来意，希望统领派遣军队和徐州民众一起抢修防水河堤："你们是陛下的军队，陛下爱民如子，你们应该为他出一份力。"

统领慷慨地答应了："太守为国为民，这也正是我们的效命之秋。"

就这样，在众人的齐心协力下，北面全长三千余米的堤坝赶在了洪水入城之前完工，大家可以暂获喘息，全力准备把大水引入黄河故道，向东入海。

到了十月初五，城外水位终于出现了降低的势头。待水完全退去之后，百姓们看到，这场大水的最高水位，已经没到了城墙顶上的倒数第三块砖。

百姓也都看到了，他们的太守在大水围城，千钧一发的时候，依然没有放弃滞留在城外山顶的人，令习水者，在风雨汪洋中用小船为那些老弱病残送去救济的干粮。

大水退去，劫后余生，全城百姓皆喜极而歌。

但苏东坡又开始担忧来年的洪水。要知道，黄河泛滥可是经常发生的灾难。他站在城墙上，看着农夫们在阳光下悠闲耕种的景象，不禁感慨万千。他想把这一幕永远留住，希望田野里金灿灿的稻谷，都能颗粒归仓。

于是他又一次上书朝廷，为民请命，附上一份详细的工程计划，恳求朝廷拨款徐州，修建新的大堤，以永久防洪，功在千秋。他同时写信给朝中旧友，请求他们帮忙，以救徐州百姓年年"为鱼为鳖之难"……

经过漫长的等待，这笔二万多贯的款子终是在次年二月落实到账，同时从京城到达徐州的，还有三千多名夫役和一千多斛粮食，以及皇帝对苏东坡的嘉奖。

半年之后，徐州外城四道坚固的防洪木堤皆已落成，同时竣工的还有东门一座十丈高的楼台。

苏东坡给这座楼台取名为"黄楼"。

因为按照徐州风俗，城内的船夫平时都会戴一顶黄色的帽子，而在道家五行相生相克的说法里，黄属土，土克水，可保他们风浪无忧。

苏东坡也祈望黄楼镇水，可保徐州百世泰安。

苏东坡个性豪放，重情重义，又是好客之人，刚来徐州上任时，经常有亲朋好友来看他。

子由曾请了一个四个月的长假来徐州，兄弟俩每日对床而眠，仿佛又回到了年少无忧的时光。中秋节后，子由离开了，苏东坡又是一阵伤感，顿时觉得整个人生都不好了，便在诗中写道：

> 暮云收尽溢清寒，银汉无声转玉盘。
> 此生此夜不长好，明月明年何处看。
>
> ——《阳关曲·中秋月》

黄楼落成时，子由因公事走不开，特寄来一篇《黄楼赋》当作贺礼，苏东坡喜欢极了，几天后就把那篇文章刻在了石碑上。

从济南到来的李常（苏东坡在汴京时认识的好友）也来过徐州与苏东坡秉烛夜谈。当时正逢春天，苏东坡是个清雅的人，他送给朋友的，不仅有新挖的春笋，还有许多香喷喷的芍药。

重阳日，王巩带着一车美酒前来赴宴了。

王巩是名相之后，也是大官员张方平的女婿，这位贵公子平生爱好诗词与美人，且只喝自家的佳酿。

这一次，苏东坡见他没有带侍妾前来，就写诗开他的玩笑，"但恨不携桃叶女，尚能来趁菊花时。"

于是，王巩再来的时候，一下便带了三名佳人，分别叫作卿卿、英英、盼盼。

一日，天气大好，苏东坡却公务繁忙，便只能派人陪王巩携美出游，他们乘坐一叶小舟，从圣女山到百步洪，一直到月上中天才棹舟而回。

这时苏东坡也忙完了公事，已经身披羽衣，在黄楼上置酒与之对望，静待故人归来。

半晌，他举起酒杯，邀月而饮，耳边是曼妙的笛声，在山谷间萦绕，小舟渐行渐近，三百年前的月光又斟满了美人的梨涡，楼下的水波则泛出天河一般的光泽，只觉人生乐事，尽在此时，"自李太白死，人间无此乐事，已三百年矣……"

这个时候，苏东坡已经完全取代了欧阳修在文坛的位置，很多文人士子都愿意尊他为师，比如晁补之、张耒，还有李常介绍给他的黄庭坚和秦观。

后来，这四个人被世人称为苏门四学士，也得到了苏东坡的认可，他还认为自己集合了这四人的长处和短处。

苏东坡最先认识张耒，其次是晁补之，他们在杭州时经常见面。

黄庭坚是李常的外甥，他与苏东坡之间的关系更像是惺惺相惜的朋友，但他一直将自己放在学生的位置，仰慕着他的老师。

而秦观，自徐州第一次见到苏东坡，就被老师的气度折服，他认为老师是天上的麒麟转世——"我独不愿万户侯，只愿一识苏徐州""不将俗物碍天真，北斗以南能几人？"

黄楼一别后，秦观又给苏东坡介绍了诗僧参寥，这个取自《庄子》，意为虚空高远的名字，日后将在苏东坡的内心，代表着一份高山流水的感情。

所以，元丰元年重阳这一天，不仅是黄楼的落成之日，也是见证苏东坡仕途的黄金时代的日子。

在往后的年岁里，他曾不止一次地怀念过那全城欢呼，满楼宾客的时刻，饮最烈的酒，爱最好的人，被皇帝认可，被天下仰慕，没有政敌的排挤，生活中满是良辰美景赐予的蜜意。

是呀，若不是前半生这些涓涓蜜意，一点一点地汇聚成溪，又如何能够托起后半生颠沛流离的命运呢。

天涯流落思无穷，既相逢，却匆匆。携手佳人，和泪折残红。为问东风余几许，春纵在，与谁同。

隋堤三月水溶溶，背归鸿，去吴中。回首彭城，清泗与淮通。欲寄相思千点泪，流不到，楚江东。

——《江城子·恨别》

如此，再看这一阕他在一年后写给徐州的告别词，便也不难理解，当时他收到改知湖州的调令，如何会那么地伤怀，恍如预感……

第三章：洒脱澄明的御风闲人

乌台诗案：人生的至暗时刻

浮生若梦，为欢几何？放眼四十余年的岁月，他可以马革裹尸，可以为民舍命，却从未想过，有一天会成为党争的牺牲品，在囹圄之中，被宵小之辈构陷凌辱，带着不忠不义的罪名，如蝼蚁一般死去。

元丰二年（公元1079年）七月二十八日，当子由派过来的信史正一骑绝尘向湖州奔来时，苏东坡还在办公室里批改公文。

通判祖无择看到信史是小跑着进门的，骄阳之下，那个年轻人的衣服几乎被汗水浸透。

然后，苏东坡接过信笺，手中的茶碗"啪"的一声就掉到了地上。

这一次，苏东坡知道自己惹出了大祸。

或者说，朝中的变法派，终究是找到了时机，开始对他采取行动了。

尽管朝堂上也曾上演过类似的戏码，但这一次，已经不单纯是出自一个人的嫉妒，而是关乎一群人的权力之争。他们处心积虑策划的阴谋，不仅想要他的性命，更想要保守派溃不成军。

熙宁六年（公元1073年），那个在晚年写出《梦溪笔谈》，被人誉为中国科学史坐标人物的沈括，还只是王安石身边的一个小助手，人生中的最高梦想就是得到皇帝的青睐。

不久后，沈括受命巡察江南水利，到了杭州，第一件事就是去找苏东坡叙旧。苏东坡热情款待了他，又与他一起谈论新写的诗集。为了表示对苏东坡新作的喜爱，沈括当即将诗集抄录了一份。

他一回到京城，马上就将那些苏东坡为百姓发声的诗句圈了出来，还在旁边做了详细的"注解"，呈给了皇帝，狠狠告了苏东坡一状，称其"愚弄朝廷"。但他没有料到，皇帝竟对他苦心搜罗的"罪证"，也就是苏东坡的那本新诗集爱不释手。他的阴谋破灭了。

到了元丰元年，朝堂政局几经变幻，变法派的核心人物已经换成了宰相王珪和御史中丞李定。王珪昔日还私藏过苏东坡考试的策论，但现在，为了权利，他也舍得对其赶尽杀绝。而李定，就是那个不服母丧，被司马光称作禽兽的人。同时，最初两党的政见之争，也慢慢变成了有些人不择手段打击异党，通往权力高峰的必经之路。

在变法派眼里，苏东坡虽然不在京城，但他的文名正如日中天，皇帝喜爱他，百姓拥戴他，读书人都崇拜他，他随时都可能被任职高位,司马光也随时可能回朝当政,那么一旦保守派得势,他们就无异于自断前程。

元丰二年五月底,苏东坡奉命调任湖州,按例要向朝廷上呈一份谢恩奏章。就是这份表达感激之情的奏章,让变法派从沈括那里得到了"灵感"。因为无论是工作,还是私生活,苏东坡都无隙可乘,而文字,却可以成为他的软肋。

一个月后,皇帝收到了第一份检举苏东坡的罪状。

有一名御史摘取了苏东坡谢恩奏章上的话,称其愚弄君上,妄自尊大,比如"知其愚不适时,难以追陪新进;察其老不生事,或能收养小民",难道朝堂之上,都是些惹是生非之辈?这不是讽刺朝廷吗?

皇帝不以为然,认为苏东坡没有那个意思。

皇帝的态度是李定意料中的事,但他显然比沈括更毒辣,也更有手段。几天后,第二份、第三份检举状又送到了皇帝的手中。

那些苏东坡在杭州曾为农民写下的诗句,如今再一次成了所谓的罪证,比如"岂是闻韶解忘味,尔来三月食无盐",这是要挑起民怨,让百姓痛恨新法啊,真是大不敬之言……而另一篇写于是年三月的《灵壁张氏园亭记》中"古之君子,不必仕,不必不仕。必仕则忘其身,必不仕则忘其君",乱取士之法,亏尊君之义,亏大忠之节……

皇帝将信将疑了。

最后，李定使出了一道撒手锏。他在第四份检举状中进一步向皇帝指出，苏东坡犯有至少四项杀头大罪，不悔其过，狂悖自大，伤教乱俗，蛊惑民心……而在民间，人人都会背苏东坡的诗词，想一想真是细思极恐呢。

皇帝的脸色渐渐变了，随即下了一道圣旨，让御史台去查明这一件事。

驸马王诜（他的妻子是舒国长公主）是苏东坡曾在京城认识的好朋友，他得知消息后，连夜派人去通知当时在南京当官的子由，怎料御史们也是连夜出京，他们精心铸造的"莫须有"之箭，终于可以精准地射向湖州了。

若不是御史的儿子突然生病，在路上耽搁了半天，那么苏东坡很可能连交接工作的时间都没有。

御史来的时候，祖无择刚刚成了代理太守，苏东坡也换上了官袍站在院子中央。

他的情绪已经平静了下来。说自己只有一个请求，就是想回家与妻儿告别。

御史答应了。

苏东坡回到家中，闰之看到丈夫身后的官差，立刻明白了一切。她当即哭了起来。

苏东坡就编了一个故事。

说是在唐朝的时候，有人很会写诗，不愿做官，无奈被人推荐给皇帝，只好称自己不会作诗。

皇帝问，那有人送过诗给你吗？

那人回，只有妻子在他临行前送了一首给他："更休落魄耽杯酒，且莫猖狂爱咏诗。今日捉将官里去，这回断送老头皮。"

皇帝大笑，就放他回家了。

故事说完后，苏东坡便笑着问闰之："那么你是不是也要送一首诗给我？"

闰之果然破涕为笑，她爱他正直天真，也气他正直天真，心里又是一阵凄怆。

这件事后来被苏东坡记在了日记本里。但不晓得他是不是只记欢喜不记忧，因为据祖无择的说法，当时御史台的人对苏东坡是非常不礼貌的，他们用绳子将人绑起来，"顷刻之间，拉一太守，如驱犬鸡……"湖州百姓皆闻之落泪。

而苏东坡在路上，也一度难过得想自杀。

相传李定还曾向皇帝提建议，想让苏东坡一路在监牢中过夜，好在皇帝没有同意，说苏东坡又不是什么江洋大盗，大可不必搞得那么草木皆兵。

却还是难免处处受辱。就连他的家人们，在投奔子由的路上，也没能逃过御史台官差的盘查和恐吓，闰之一气之下，哭着将他的诗稿烧了大半。

苏东坡有一次就想跳进扬州的湖中，是他的大儿子苏迈拉住了他。苏迈获准陪父亲进京,他看到了父亲遭受的所有心灵折磨。

这一年的八月十八日,苏东坡被关进了御史台的监狱。

御史台又称乌台,是汴京城内唯一朝北,取"阴杀之义"的管衙,四周种满了柏树,最高龄的树已经有好几百岁了。附近山上的乌鸦在树梢筑巢而居,数量有数千只,晨去暮来,常于低空盘旋,呱呱鸣叫,翅羽可遮天蔽日。

关押苏东坡的牢房,很像一口百尺深井,在里面一举一动都会触及四壁,只有头顶漏下幽幽天光,给人一点人世的念想。在很多个孤冷无依的深夜,苏东坡流过的眼泪可以浸湿纸笔。

一切按照审讯死囚的流程来。

御史们为了拿到他们想要的"证据",一方面对外全力搜索苏东坡的诗词,但凡与其有过书信往来的人,都要配合调查。

另一方面则对苏东坡百般逼供,动辄凌辱,让他解释每一句诗的由来,包括所引用的典故。当时有一位叫苏颂的大臣被关在隔壁,他曾听到御史们通宵辱骂诗人的声音。他们想摧毁苏东坡的意志,对他使用了疲劳审讯。在诗中,苏颂感叹道:"遥怜北户吴兴守(湖州太守),诟辱通宵不忍闻。"

八月三十一日,苏东坡承认自己写了讽刺新法的诗,但他认为自己只是描述了实际情况,比如在杭州时,那些百姓的确没有盐吃,生活得极为艰苦。

那个时候,他心神俱损,只求速死。他在地下埋了一些青金丹，如果一次性吃下去，便可体面离去。而他最终还是没有服药，按照他后来的说法，是因为他不想连累朋友们，又落得一个畏罪自杀的污名。

好在到了十月中旬，案情终于出现了转机。

苏东坡入狱之后，苏迈每天都会去给父亲送饭，父子之间也有一个"平安蔬菜杀头鱼"的暗号。但有一天，苏迈要出城借钱，便托亲戚去给父亲送饭。那个亲戚不知送饭的奥秘，故特意送去一条精心烹制的鱼，怎料苏东坡一顿饭竟吃得双手颤抖，哽咽不已。

是夜，霜气凄凄，冷彻身骨，一灯如豆，四壁昏昏，他枯坐井中，只觉哀意浩荡，绵绵无绝。

浮生若梦，为欢几何？放眼四十余年的岁月，他可以马革裹尸，可以为民舍命，却从未想过，有一天会成为党争的牺牲品，在囹圄之中，被宵小之辈构陷凌辱，带着不忠不义的罪名，如蝼蚁一般死去。

仰天长叹后，他遂写下两首绝命诗，托人寄给子由，愿有来世，再与君为兄弟，续夜雨对床之约。

圣主如天万物春，小臣愚暗自忘身。
百年未满先偿债，十口无归更累人。
是处青山可埋骨，他年夜雨独伤神。
与君世世为兄弟，更结人间未了因。

> 柏台霜气夜凄凄，风动琅珰月向低。
> 梦绕云山心似鹿，魂飞汤火命如鸡。
> 眼中犀角真吾子，身后牛衣愧老妻。
> 百岁神游定何处，桐乡知葬浙江西。
> ——《予以事系御史台狱，狱吏稍见侵，自度不能堪，死狱中不得一别子由，故作二诗授狱卒梁成，以遗子由》

狱卒梁成是个仁义的好人，也是苏东坡的粉丝，在乌台监狱，他每天都会给苏东坡打洗脚水。

在遥远的江浙之地，自从苏东坡入狱后，那里的百姓就开始自发为他作"解厄道场"，祈愿他可以平安渡过劫难。

只是，苏东坡把绝命诗交给了梁成，却被子由拒收（据说子由是希望这两首诗被皇帝看到），后又辗转到了皇帝手中。

果然如子由所料，皇帝在诗中看到了一个兄长的担当与情意，也看到了一个臣子的忠义与磊落，不禁被深深触动了。

而且，苏东坡的朋友们也纷纷上表，在皇帝面前为他求情，如告老还乡的范镇、张方平，在朝当政的左相吴充，给皇帝修起居注的王安礼，担任右谏议大夫的章惇，甚至还有已经隐居金陵，不问世事的王安石。

子由愿意解除自己的官职为哥哥担责，只求能免其死罪。

吴充劝诫皇帝："曹操那么多疑的人，尚能容忍击鼓骂曹的祢衡，陛下为何就不能容忍一个写诗的苏轼呢？"

王安礼不顾李定的恐吓，也直言相谏道："自古以来，大度的君王，都不会因为言语去怪罪人。"

后来称赞苏东坡"不知更几百年，方有如此人物"的王安石则上书说："岂有圣世而杀才士者乎？"（宋太祖曾立碑不杀士大夫和上书言事者。）

一个人在危难之时，能得到朋友的帮助并不稀奇，但如果昔日的敌人也为他求情，说明了什么？

皇帝动摇了。

最后，皇帝的祖母，光献太皇太后曹氏又为解救苏东坡助了一臂之力。

"今日为子孙得了两个太平宰相。"病榻之上，太皇太后依然记得当年仁宗皇帝遇见苏家兄弟后，脸上那种欣喜的神情。

所以，在皇帝想用大赦天下的方式为祖母祈寿的时候，太皇太后流着眼泪说："不必大赦天下，便宜了凶恶之人，放了苏轼就够了。"

皇帝心里一软，也落下泪来。十月十五日即下诏："死罪流囚以下，一律开释。"

苏东坡暂无性命之忧，但他的敌人们不会轻易放过他。

在最后的一次补刀机会中，宰相王珪告诉皇帝，苏东坡有不臣之心。

皇帝认为苏东坡固然有罪，但不臣之心，扯远了吧？

王珪搬出了苏东坡的一首写桧树的诗：

凛然相对敢相欺，直干凌空未要奇。
根到九泉无曲处，世间惟有蛰龙知。

——《王复秀才所居双桧二首》

"陛下飞龙在天，苏轼却要求知于地下的蛰龙，这正是不臣之心。"

皇帝说："自古称龙的人多了去了，又不是只有皇帝才能称龙，孔明还称卧龙呢。"

王珪被皇帝的话噎住了，只能闭口退去。

皇帝决定亲自去试一试苏东坡的人品。

一天夜间，皇帝派了一个亲信走进苏东坡的牢房。那人不说话，进来之后倒头就睡。苏东坡以为是新来的犯人，就没有理会，给人让了点地方后，又继续睡去了，过了一会儿，还打起鼾来。

四更天时，那人突然把苏东坡摇醒，连道："恭喜学士，恭喜学士。"苏东坡问："喜从何来？"答："无事，尽可安心。"遂匆匆离去。

翌日清晨，皇帝听到禀报，于是笑道："朕早就知道，苏轼是胸中无事的人。"

这一年的十二月二十九日,终审判决出来了:

苏东坡被贬至湖北黄州担任团练副使,本州安置,不可签署公文。

曾给苏东坡通风报信,与之往来密切的驸马王诜被削除了所有的官职与爵位。

同样与苏东坡多有诗词往来的王巩被贬至遥远的广西宾州。

子由被贬至江西筠州担任监酒小官。

张方平、范镇、司马光、黄庭坚等收受过苏东坡诗词且不主动上缴的官员各罚铜三十斤到二十斤不等。

苏东坡出狱的那一天正好是除夕。

这场无妄之灾,让他在乌台的枯井里待了一百多个日夜,走出监狱大门的时候,春风拂面,车水马龙,周遭全是人世的味道,自由的味道。

他还活着,又可以喝到美酒了,写起诗来依旧下笔如神,正气如刀。一切真是恍然如梦啊。那么至于这场灾难,也就懒得去追究了。

自然也就忘记了,这场灾难全是因为他的下笔如神,正气如刀。

可不是吗,这天晚上,他又忍不住写了两首诗。

百日归期恰及春，残生乐事最关身。
出门便旋风吹面，走马联翩鹊啅人。
却对酒杯浑是梦，试拈诗笔已如神。
此灾何必深追咎，窃禄从来岂有因。

平生文字为吾累，此去声名不厌低。
塞上纵归他日马，城中不斗少年鸡。
休官彭泽贫无酒，隐几维摩病有妻。
堪笑睢阳老从事，为余投檄向江西。

——《出狱次前韵二首》

　　他想起谨慎了半辈子的子由，此番受他所累，只能领着一大家子人去江西做个芝麻小官，估计又要过陈州那样风雨飘摇的日子，心里就愧疚得不行。但如果换成子由入狱，要他拿命去换，他也不会说半个不字。

　　他想起自己以后应该会更穷了，不过正好尝试一下陶渊明和王维那样的生活，没有钱买酒，可以自己酿菊花酒喝，病了的时候，身边还有妻子相伴，日子也不赖嘛。

　　两首诗写下，他又突然想起，朋友们劝他莫写诗的事情，而他又在诗中写了一个"少年鸡"的典故来讽刺那些朝堂上的谄媚小人——唐代贾昌少年时因斗鸡博得天子喜爱。

　　于是掷笔大笑道："哎呀，我真是没救了！"

确实，苏东坡没救了，乐观得没救了，大度得没救了。

但卡夫卡说，每个人都会用自己的方式离开地狱。

那么苏东坡何尝不是在用自己的方式离开地狱？

就像他说过的一句话："某平生无快意事，惟作文章，意之所创，则笔力曲折，无不尽意，自谓世间乐事无逾此者。"

在乌台监狱，无论是绝命诗的现实主义的解救，还是将灵魂附着于天窗之外的草木微尘，写出"萧然风雪意，可折不可辱。风霁竹已回，猗猗散青玉"那样的句子，他都是在用写作的方式，完成从地狱到人间的自我救赎。

或许也正因为如此，后来在黄州，他才可以再一次，用自己的方式于蛮荒之地构建天堂。

从政坛红人到东坡农夫

他开始自称东坡，也喜欢听人喊他东坡，这个名字代表着他已远离官场，只是一个与山川、草木、虫鱼打交道的人，似是自娱，实际上更像是一种不失体面的自嘲和一种无可奈何的自卫。

元丰三年（公元1080年）早春，苏东坡在御史台官差的押送下抵达黄州。

这一年，他四十四岁，两鬓早已有了白发，身体也愈发清瘦。

幸有长子苏迈跟在他的身边，一路徒步相随，嘘寒问暖。

而在此之前，黄州还只是一座寂寂无闻的江畔小城。

是苏东坡的到来，改变了黄州的命运，让这个长江绕郭，竹林连绵的地方成为历史上一个独特的文化坐标。

同时，黄州也成就了苏东坡。如果说眉山是"苏轼"的生养之地，那么黄州就是"苏东坡"的精神故乡，他那千古风流的才情，后半生的荣辱悲欣、一念清净，都是从这里出发。

因为是犯官，到黄州后，苏东坡连落脚的地方都没有。便只能先寄居在城中的定惠禅院，等子由送家人过来后，再做新的安置。

这一段时间，他每天与僧人们同吃同住，日子过得还算朴素闲适。

对于苏东坡来说，他本以为乌台一案必死无疑，但现在，他仿佛又重生了一次，又可以欣赏这世间的风花雪月，草木河川，只要不去想那官场的纷纷扰扰，就会觉得人间处处都是那么丰饶可爱。

不过，也正因为刚与死神擦肩而过，在精神世界里，这个时候的他，遭受的创伤还未完全修复，还是一只惊弓之鸟，羽翼颤颤，心有余悸。

一天夜间，苏东坡一个人走出定惠院，到长江边去晒月亮。

春夜清寒，沙洲之上，草木尚未复苏，他敞开心扉，与一只

孤鸿对视,却从对方的眼睛里看到了自己的影子:

缺月挂疏桐,漏断人初静。谁见幽人独往来?缥缈孤鸿影。惊起却回头,有恨无人省。拣尽寒枝不肯栖,寂寞沙洲冷。

——《卜算子·黄州定惠院寓居作》

这一阕词后来被王国维盛赞,称只有胸有万卷书,笔无尘俗气的人才能写出这样语意高妙的作品。

但到底还是觉得孤独啊。

孤独是一把剑,在夜色中极易出鞘。孤独也是一座岛屿,而他心底没有互通的河流……

在写给远方朋友的信件中,苏东坡如此谈及第一次过流放生活的感受:

某寓一僧舍,随僧蔬食,甚自幸也。感恩念咎之外,灰心杜口,不曾看谒人。所云出入,盖往村寺沐浴,及寻溪傍谷钓鱼采药,聊以自娱耳……

得罪以来,深自闭塞。扁舟草履,放浪山水间,与渔樵杂处,往往为醉人所推骂,辄自喜渐不为人所识,平生亲友,无一字见及,有书与之亦不答,自幸庶几免矣……

来黄州后,一些亲友对苏东坡避之不及,他也不敢再任性地写诗,不敢随意去拜访附近的朋友,以免灾难再次临头,更怕自己管不住嘴巴而被好事者巧以酝酿，生出新的祸端，牵累无辜。就连写给朋友的这些信，他也会一再叮嘱，别给其他人看啊，看完烧毁啊……

好在一开始，黄州百姓并不认识苏东坡。

他就像穿上了一件隐身衣，尽可竹杖芒鞋，悠游于荒江大山之间，自己给自己找一点快乐。

有时，他驾一叶扁舟，去钓鱼，看风景，在衣袖里藏许多小石子，打水漂。

有时，他去向农人们讨村酒吃，吃醉了便扔下竹杖，放开手脚躺在地上，一派旷然天真，被身边的醉汉推骂，也乐呵呵的不生气。

有时，他去看望一株海棠。那株海棠在定惠院的东山上，与他一样孤独。那满树繁花让他想起家乡和爱人的容颜。在他的家乡西蜀，海棠是名贵的植物，而在黄州，却被人当作山野之木。去后山拾柴的僧人看到，这个古怪的人经常在花树下沉吟，一站就是半日。他为美丽的海棠赋诗，疑心那株树是多年前鸿鹄从他家乡衔来的种子，让游子在异地可以告慰乡思。

有时，他去寻访庙宇，在风吹树叶的大山中听樵夫讲鬼故事，一个又一个，听得津津有味，末了还央求人家"姑妄言之也好"（乱编一个也是可以的嘛）。那些哄笑的樵夫们哪里知道，眼前这个刚从地狱里逃出来的人，最明白这世间真正可怕的，并非鬼神，而是人心。

苏东坡也喜欢去安国寺沐浴。

安国寺位于黄州城东南三里处，那里有"茂林修竹，陂池亭榭"，有丰富的经书，更有上好的沐浴场所。

每次沐浴之后，他都会披衣散发坐在楼阁之内，听着僧人们诵经的声音，对着周遭苍翠的竹林，深自省察，默坐良久。

他渐渐发现，相比用温汤洗净身体的尘垢，来自宗教的禅修，更能给人灵魂深处的洗涤。正所谓一念清净，染污自落，物我相忘，荣辱皆空，于是"私窃乐之"……

待到苏东坡心里的那一大团乱麻总算是捋顺了的时候，那个欠了一屁股债的子由，也终于把哥哥的家眷送到了黄州。

当然苏东坡也穷得叮当响。之前他就没有什么存款，到黄州之后，又几乎没有工资，所以还是在鄂州太守朱寿昌的帮助下，才给家人们找到了一个容身之处。

是年五月二十九日，他们一家搬到了"临皋亭"居住。那本是官府的一座驿站，紧靠长江，房屋简陋，但尚能遮蔽风雨，勉强度日。

不过苏东坡已经很满足了！

他赶紧写信告诉朋友，他住在一个风景绝佳之地，这种临江而居，看风涛烟雨，晓夕百变，山水就像落在自家茶席上的幸福，是从未体验过的。

> 江山风月，本无常主，闲者便是主人。
>
> ——《临皋闲题》

只是苏东坡能做江山风月的主人，却不可避免要为一家子的温饱问题伤脑筋。

家里实在是太穷了，他便想了一个办法，在每个月的月初，拿出四千五百文钱，将其分成三十等份，用长柄木杈一份一份地挂在房梁上，然后每天早上取下来一份。即便一天的钱不够用，也不能动用其他的钱。如果哪天有剩余，就存在竹筒里。当然竹筒里的钱也要精打细算，那可是用来招待客人的。

对了，重要的是要藏好木杈，不要被自己的手"看到"……

即便如此节俭，努力将生活维持在最低水平，苏家的积蓄也没能撑到第二年春天。

元丰三年（公元1080年）的春天，苏东坡看上了城东的那片山垄，那里曾是官府练兵的营地，当时已经荒废多年，虽荆棘丛生，蓬蒿满地，却有五十多亩的面积，若好好耕耘利用，说不定可以解决一家的口粮呢。

可惜啊，他的身份和钱包，都不允许他买下那片地。

大约就在这个时候，苏东坡的朋友马梦得从京城来到了黄州。马梦得个性耿直，与苏东坡年纪相仿，二十年前，他在京城太学做官,第一次看到苏东坡在墙壁上写的《秋雨叹》便惊为天人的手笔,并决心结交苏东坡,生死不弃。

苏东坡笑马梦得是个痴人,因为指望自己一朝富贵,就像在乌龟背上刮毛一样艰难,不知何年何月才能织成毛毡。

实际上,马梦得并非将苏东坡看作贵人,他只是深信不疑地认定,苏东坡是值得他追随的贤人。

来到黄州后,马梦得很快就帮苏东坡成功地当上了农民,拥有了那片荒地。

苏东坡高兴极了。

他兴冲冲地买来了一头耕牛,又添置了农具,然后带领全家人一起拓荒。

他是个聪明人,对土地有敬畏心,更会根据土地的性质播种不同的农作物,比如打算在低洼处播种稻谷,在山坡上播种小麦,在高地上栽种果树和桑麻。他有自己的规划,熟知时节,善于耕种,可别忘了,他骨子里也有农人的基因。如果没有从仕,他肯定能成为一名优秀的农民。

他先是在荒地上点了一把火,火光照亮了一小片天空,也将他的心境彻底照通透了。

而春风漫去,野火燎原,既能免去割草的麻烦,又能让草灰成为播种的肥料。

接着,在开垦的过程中,他又发现了一口暗井,正好可以解决灌溉的问题,真是太幸运啦,他不禁在荒地上飞奔起来。

就这样，历经重重困难，虽然错过了稻谷的播种时期，但好在如期种上了小麦。而且不到一个月的时间，他的麦子就全部成活了。看着漫山遍野破土而出的麦苗，他那被太阳晒黑的脸上也泛起了淳朴的微笑，眼睛里充满光泽，觉得绿色是世间最可爱的颜色。

他想起唐代白居易曾在流放时躬耕于忠州的东坡，于是，他将这片城东的土地也命名为东坡，同时写下《东坡八首》结绳记事……

至于他自己，他告诉朋友，本来想起个名字叫"鏖糟陂里陶靖节"（邋遢版的陶渊明），但是想想旁人怕是不好称呼，就干脆自号"东坡居士"了。

梦中了了醉中醒。只渊明，是前生。走遍人间，依旧却躬耕。昨夜东坡春雨足，乌鹊喜，报新晴。

雪堂西畔暗泉鸣。北山倾，小溪横。南望亭丘，孤秀耸曾城。都是斜川当日景，吾老矣，寄余龄。

——《江城子》

这一年的秋天，苏东坡的麦子丰收了，果树与菜蔬也长势喜人，土地的慷慨赠予让他满怀感激，他认为一切都是上天赐给自己的福报。

值得一提的是，朝云正是在这个秋天做了苏东坡的侍妾。

她已经长大成人，可以做他的解语花了，在这贫寒之地，为他带来蝴蝶翅般温柔的梦。

次年一月,苏东坡又在菜园中辟出一块空地,带领家人伐木垒砖,建了一座农舍,可以居住,也可以用作书房。因房屋成时正逢大雪,他遂名之为"雪堂",并在墙壁上画了雪景,用以契合悠悠素心。

此后,他便经常在雪堂中煮酒煎茶,写字画画,读书待客。

微醺时,似于梦中与陶渊明谈心。闲暇时,他则在案几上一遍一遍地写《归去来兮辞》,在那些自然冲淡的笔画间,他看到了当日陶渊明斜川的风景,澄静山色,乌鹊南飞,同样黏稠的春雨,打湿了他们相通的命运。

劳作的时候,他还将《归去来兮辞》改成了《哨遍》,使之声律相谐,给他的家童歌唱,他则在一边叩击牛角轻打节拍,直言不亦乐乎。

为米折腰,因酒弃家,口体交相累。归去来,谁不遣君归。觉从前皆非今是。露未晞。征夫指予归路,门前笑语喧童稚。嗟旧菊都荒,新松暗老,吾年今已如此。但小窗容膝闭柴扉。策杖看孤云暮鸿飞。云出无心,鸟倦知还,本非有意。

噫!归去来兮。我今忘我兼忘世。亲戚无浪语,琴书中有真味。步翠麓崎岖,泛溪窈窕,涓涓暗谷流春水。观草木欣荣,幽人自感,吾生行且休矣。念寓形宇内复几时。不自觉皇皇欲何之?委吾心、去留谁计。神仙知在何处?富贵非吾志。但知临水登山啸咏,自引壶觞自醉。此生天命更何疑。且乘流、遇坎还止。

——《哨遍》

所谓信者得爱，生活也一样。

我们不必过度美化这种农耕生活，那其实与"何不食肉糜"无异。

莫把存亡悲六客，已将地狱等天宫。我们需要赞美的，是他身处蛮荒之地，也能将一个有趣灵魂的审美价值发挥到极致的力量，这种力量甚至超越了劳作本身，优化了生命，所以立于天地之间，他便能轻易地与芸芸众生区分。

春暖花开时，他又忍不住给朋友写信，分享在穷苦寂澹的环境中自得其乐的心态，以及布衣蔬食、男耕女织之余的悠闲时光，说有些时候，自己都发现，快乐得有些不好意思了。

东坡居士酒醉饭饱，倚于几上，白云左绕，清江右回，重门洞开，林峦岔入。当是时，若有思而无所思，已受万物之备。惭愧！惭愧！

——《书临皋亭》

世事万端，皆不足介意。所谓自娱者，亦非世俗之乐，但胸中廓然无一物，即天壤之内，山川草木虫鱼之类，皆是供吾家乐事也。

——《与子明兄书》

一枕无碍睡，辄亦得之耳，公无多奈我何，呵呵。

——《与陈季常》

在信中，他开始自称东坡，也喜欢听人喊他东坡。这个名字也将随着黄州的日升月落，一点点地渗入他的生命，见证他远离官场，化苦难为疏旷的年岁。

在这里，他只是一个与山川、草木、虫鱼打交道的人，只是苏东坡。

他也并非是一时冲动就给自己起了个新的称号。而是在冰与火的淬炼中，掉一层皮，原来的名字才能抹掉一笔。

在他乐呵呵的笑容下面，看似是自娱，实际上更像是一种不失体面的自嘲，和一种无可奈何的自卫。

当然，这个时候的他，还不知道，有一天，苏东坡这个名字会比他原来的名字更家喻户晓，因为这个名字，不仅代表着一颗天真旷达、丰饶有趣的灵魂，更象征着一个士大夫百折不挠、浩然于天地的精气神……

寒食帖，赤壁赋，一蓑烟雨任平生

大江东去，明月在天，他相信，只有文字可以不与草木同腐，天地之间，生死之外，万物都有神秘的联结。如果伟大的生命逝去可以化作天上的星辰，一定可以照亮诗人的眼睛，与之灵犀互通。

元丰五年（公元1082年）春，黄州冷雨泛滥，连绵数月不息，苏东坡坐在雪堂里写他的《寒食帖》，内心的伤感也像水波一样漫过了纸笔。

他写的是诗帖，后来被世人评为天下第三行书，与王羲之比肩而立，也是一个生活切片，湿嗒嗒的，夹杂着碾作尘泥的海棠花瓣、寒菜的苦香和灶台中升起的白烟，还有乌鸦衔着纸钱飞过田野的叫声，相隔千年，依然气息生动，肌理分明。

自我来黄州，已过三寒食。
年年欲惜春，春去不容惜。
今年又苦雨，两月秋萧瑟。
卧闻海棠花，泥污燕脂雪。
暗中偷负去，夜半真有力。
何殊病少年，病起头已白。

春江欲入户，雨势来不已。
小屋如渔舟，濛濛水云里。
空庖煮寒菜，破灶烧湿苇。
那知是寒食，但见乌衔纸。
君门深九重，坟墓在万里。
也拟哭途穷，死灰吹不起。

——《寒食雨二首》

这一天是寒食节，是为故去的亲人祭扫的日子，他却不能回到蜀地，想一想还真是伤怀啊。

但放眼在黄州的年岁，他还是很少在文字中流露出这样的凄然以及壮志难酬的心酸，仿佛是孤鸿的一声悲鸣，划裂了高空，让人尤为心痛。

通常，生活即便再窘迫，他也能从苦中细细咀嚼出回甘的滋味来。他的心思烟波浩渺，若说多愁善感，当真是辱没了他。

不过，结合他之后在黄州的作品，那些将注定这一年是可以载入文学史的一年，再来看这两首诗，倒是有一种英雄主义的味道。

就像罗曼·罗兰说的那个被人引用过很多次，却依旧每次能让人产生心灵震颤的句子——这个世界上，只有一种英雄主义，那就是在认清生活的真相后，依然热爱生活。

这一年的三月七日，苏东坡与朋友相约去沙湖看田。东坡那片土地虽好，但毕竟是官府所有，随时都有被收回的可能。显然，这个时候的他，已经做好了在黄州度过余生的打算。

天气难得放晴，怎料半路上又突然下起雨来，朋友们都忙着找地方躲雨，只有苏东坡依然徐徐而行，芒鞋竹杖，步履轻盈，一路且啸且歌，不惧烟雨重重。待归来时，云翳与酒意都在春风中散尽，又逢一襟晚照相迎，他的心湖也一片澄净光明：

莫听穿林打叶声，何妨吟啸且徐行。竹杖芒鞋轻胜马，谁怕？一蓑烟雨任平生。

料峭春风吹酒醒，微冷，山头斜照却相迎。回首向来萧瑟处，归去，也无风雨也无晴。

——《定风波》

这一首《定风波》后来也成了苏东坡的代表作，被一代又一代的人推崇和喜爱。其中"一蓑烟雨任平生"一句，不仅可以当作他后半生洒脱超然的处世态度和精神境界，更是为他打通了文学上的任督二脉，从此无论是诗文，还是书画，或是词赋，皆可臻于化境，势不可当。

一个春夜，月光满地，芳草连天，苏东坡骑着马，醉醺醺地走在蕲水边，到了溪桥上，便解鞍下马，枕着胳膊睡去。醒来时，青山都倒映在眼眸上，流水在耳边锵锵作响，只疑心自己身处天河之畔。

为了留下尘世的印记，他特意在桥柱子上题了一首词：

照野弥弥浅浪，横空隐隐层霄。障泥未解玉骢骄，我欲醉眠芳草。可惜一溪风月，莫教踏碎琼瑶。解鞍欹枕绿杨桥，杜宇一声春晓。

——《西江月·顷在黄州》

在黄州西北，长江之滨，距离太守官邸数百步的地方，又有一片赤色的悬崖峭壁倒映在深碧的江水中，当地人将其称为"赤壁",相传正是三国时周瑜用巧计火烧八十万曹军的古战场。

苏东坡第一次去那里,还是刚到黄州不久的时候,"舟至赤壁,西望武昌山谷,乔木苍然,云涛际天",他看到壁上盘踞着两条大蛇,也看到了江水里美丽的卵石。那些卵石生得温润如玉,色泽缤纷可爱。他后来每一次去,都要捡回一些,有时还会用酥饼与当地熟习水性的小孩子交换。如此家中一下便存了两三百枚。他将那些石头放在铜盘里,倒上清水,细细把玩欣赏,在阳光下,竟有一种晶莹剔透的美感,其中更有一枚长得像老虎头,眼睛口鼻都栩栩如生,最是讨人欢喜,被他视作珍爱之物。

是年七月十六日,苏东坡又约了几个朋友一起去赤壁赏月,大家棹扁舟一叶,迎着薄如蝉翼的清风,一路饮酒唱诗,好不自在。

过了一会儿,月亮从东山升起来,徘徊在北斗星与天牛星之间,牛乳一般的月光洒落在江面上,又与茫茫白雾交融在一起,横贯水面,仿佛是天女的水袖。

这时,也不必划桨而行了,尽可放纵苇叶似的小舟在江面上随意漂浮,闭上眼睛,就像是两腋生出了羽翼,御风飞行在无边的仙境,内心尽是遗世的高妙。

于是他们开始唱歌。歌词是东坡写的,他轻轻叩击船舷打着节拍——"桂棹兮兰桨,击空明兮溯流光。渺渺兮予怀,望美人兮天一方……"

其中有位会吹洞箫的朋友也来伴奏,箫声在山水之间漾开,如怨如慕,如泣如诉,余音回荡,袅袅如游丝,可以让深谷里的鱼龙腾空而舞，也可以让远处的孀妇落下泪来。

苏东坡也听得哀愁不已，便正襟危坐，问吹箫的朋友："这支曲子为何听起来如此悲伤？"

朋友告诉苏东坡，因为他想起了赤壁的往事，曾经曹操就是在这里对酒当歌，吟诵"月明星稀，乌鹊南飞"。

"你看我们现在所在的地方，西望夏口，东望武昌，不正是曹孟德被周瑜所困的地方？当初他攻陷荆州，夺得江陵，沿长江顺流东下，麾下战船首尾相连延绵千里，船上旌旗遮天蔽日，何等风光？这样斟酒临江，横槊赋诗的一世英雄，如今又在哪里呢？而我们这些以鱼虾为侣，以麋鹿为友，驾着一叶渔舟在江面上饮酒的人，就像是寄身于天地的蜉蝣，漂泊于沧海的粟米，多么渺小！可叹我们的生命，如此稍纵即逝，真是羡慕长江的无穷无尽啊。如果可以与飞仙一起遨游世间，与明月相拥而永存不朽该有多好！然而这些终究不能实现，也只能将这绵长的憾恨注入箫音，寄托给悲凉的秋风了……"

苏东坡听了朋友的话，决定开解一下对方："那好，我们就来谈一谈这江水与明月。你看这时间，就像流动的江水，但实际上并没有真正逝去；就像那盈缺的明月，但其实从来都没有缺失。如此来看，事物每一个瞬间都是易变的，但事物同样也都是恒定的，那么我们又有什么好去羡慕的呢？何况在这天地之间，万物皆有其主，既然我们不是造物者，对于别人家的东西，自然一分一毫都不能奢求。不过，这江山的清风、山间的明月，经过我们的耳朵就可以成为声音，进入我们的眼睛就可以成为颜色，这些都是取之不尽，用之不竭的，也是我们可以尽情享受的大自然恩赐的宝藏啊！"

朋友听完，脸上露出了微笑，心情也豁然开朗，又接着喝起酒来。最后，在狼藉的杯盘间，大家都睡着了，待醒来时，东方已经露出了白色的晨光。

是日夜游而归后，苏东坡将这场山河为席，月光佐酒的精神盛宴写成了一篇《赤壁赋》，和他的日记放在一起，然后又去田间忙碌了。

壬戌之秋，七月既望，苏子与客泛舟游于赤壁之下。清风徐来，水波不兴。举酒属客，诵明月之诗，歌窈窕之章。少焉，月出于东山之上，徘徊于斗牛之间。白露横江，水光接天。纵一苇之所如，凌万顷之茫然。浩浩乎如冯虚御风，而不知其所止；飘飘乎如遗世独立，羽化而登仙。于是饮酒乐甚，扣舷而歌之。歌曰："桂棹兮兰桨，击空明兮溯流光。渺渺兮予怀，望美人兮天一方。"客有吹洞箫者，倚歌而和之。其声呜呜然，如怨如慕，如泣如诉；余音袅袅，不绝如缕。舞幽壑之潜蛟，泣孤舟之嫠妇。

苏子愀然，正襟危坐，而问客曰："何为其然也？"客曰："'月明星稀，乌鹊南飞。'此非曹孟德之诗乎？西望夏口，东望武昌，山川相缪，郁乎苍苍，此非孟德之困于周郎者乎？方其破荆州，下江陵，顺流而东也，舳舻千里，旌旗蔽空，酾酒临江，横槊赋诗，固一世之雄也，而今安在哉？况吾与子渔樵于江渚之上，侣鱼虾而友麋鹿，驾一叶之扁舟，举匏樽以相属。寄蜉蝣于天地，渺沧海之一粟。哀吾生之须臾，羡长江之无穷。挟飞仙以遨游，抱明月而长终。知不可乎骤得，托遗响于悲风。"

苏子曰："客亦知夫水与月乎？逝者如斯，而未尝往也；盈虚者如彼，而卒莫消长也。盖将自其变者而观之，则天地曾不能以一瞬；自其不变者而观之，则物与我皆无尽也，而又何羡乎！且夫天地之间，物各有主，苟非吾之所有，虽一毫而莫取。惟江上之清风，与山间之明月，耳得之而为声，目遇之而成色，取之无禁，用之不竭。是造物者之无尽藏也，而吾与子之所共适。"

客喜而笑，洗盏更酌。肴核既尽，杯盘狼藉。相与枕藉乎舟中，不知东方之既白。

——《赤壁赋》

乡邻们经常看见他走在黄泥路上，脸上带着农人的微笑。没有人知道这个人的笔下，才流泻出一篇可以接通古今文脉的作品，源自他一生中苦难的深渊，也是才华的巅峰时刻。

这一年的十月十五夜，白露为霜，树叶纷飞，苏东坡从雪堂出发，正准备回临皋亭，忽有客人来访。

苏东坡很高兴，既然月白风清，有客有酒，如果不再去一趟赤壁，岂不是辜负了良夜？

于是，不久后，他又写下了这一篇《后赤壁赋》，山高月小，水落石出，就像是描写一个书生经历的幻境，似焉非焉，梦里有白鹤来访。

是岁十月之望,步自雪堂,将归于临皋。二客从予,过黄泥之坂。霜露既降,木叶尽脱。人影在地,仰见明月,顾而乐之,行歌相答。已而叹曰:"有客无酒,有酒无肴,月白风清,如此良夜何?"客曰:"今者薄暮,举网得鱼,巨口细鳞,状如松江之鲈。顾安所得酒乎?"归而谋诸妇。妇曰:"我有斗酒,藏之久矣,以待子不时之须。"于是携酒与鱼,复游于赤壁之下。江流有声,断岸千尺,山高月小,水落石出。曾日月之几何,而江山不可复识矣!予乃摄衣而上,履巉岩,披蒙茸,踞虎豹,登虬龙,攀栖鹘之危巢,俯冯夷之幽宫。盖二客不能从焉。划然长啸,草木震动,山鸣谷应,风起水涌。予亦悄然而悲,肃然而恐,凛乎其不可留也。反而登舟,放乎中流,听其所止而休焉。时夜将半,四顾寂寥。适有孤鹤,横江东来。翅如车轮,玄裳缟衣,戛然长鸣,掠予舟而西也。

　　须臾客去,予亦就睡。梦一道士,羽衣蹁跹,过临皋之下,揖予而言曰:"赤壁之游乐乎?"问其姓名,俯而不答。"呜呼!噫嘻!我知之矣。畴昔之夜,飞鸣而过我者,非子也耶?"道士顾笑,予亦惊寤。开户视之,不见其处。

——《后赤壁赋》

　　在黄州,也不知道苏东坡到底去了多少次赤壁,只知道他喜欢那里,每次有朋友过来看他,他都会以小舟载酒,饮于赤壁之下。

　　比如有次一个叫李善的朋友来访:"李善吹笛,酒酣,作数弄。风起水涌,大鱼皆出,山上有栖鹘,亦惊起。坐念孟德、公瑾,如昨日耳。"

可见，他去那里，不仅是为了待客，为了澄怀、观道、神游、抒发怀古之幽情，也是为了与千年之前的灵魂对晤。

逐鹿中原的曹孟德、驰马射虎的孙仲谋、隆中决策的诸葛亮、妙计破曹的周公瑾……那个时候，江山如画，美人如虹，一切都是英雄的陪衬。

而千年之后，可有人在此敬一杯酒，给致君尧舜，赤壁怀古的苏东坡？

大江东去，浪淘尽，千古风流人物。故垒西边，人道是，三国周郎赤壁。乱石穿空，惊涛拍岸，卷起千堆雪。江山如画，一时多少豪杰。

遥想公瑾当年，小乔初嫁了，雄姿英发。羽扇纶巾，谈笑间，樯橹灰飞烟灭。故国神游，多情应笑我，早生华发。人生如梦，一尊还酹江月。

——《念奴娇·赤壁怀古》

如果灵魂是一个容器，那么在这首词中，他已经倒入了江水、月光和烈酒，以酬千年之前的风流。

人生如梦也如寄，幸而黄州有这一处石壁，让他向山水敞开心扉，郁郁苍苍的傲骨豪情有了落脚之处，哪怕真正的赤壁其实是在荆州蒲圻县沿江一百里的南岸。

而大江东去，明月在天，他相信，只有文字可以不与草木同腐，天地之间，生死之外，万物都有神秘的联结。如果伟大的生命逝去可以化作天上的星辰，一定可以照亮诗人的眼睛，与之灵犀互通。

只是苏东坡不知道，千年之后，这个被误传的赤壁，已经成了东坡赤壁，他在此写下的词章，也被世人称为绝妙好词，古今绝唱，几乎每个人都会背诵。

当然，值得一提的是，黄州阶段的作品，苏东坡自己也挺满意的。

一次有客人来，苏东坡与其谈到最近的词作，便问客人："嘿，说说看，我的词跟柳永比如何？"

客人回："不好比啊。"

苏东坡一惊："啊，为什么为什么，你说说看？"

客人说："因为柳永的词，只合适十七八岁的女郎执红牙板，歌'杨柳岸晓风残月'，而你的词，却需要关西大汉执铁板，唱'大江东去'……"

苏东坡满意了，遂哈哈大笑。

猪肉颂，蜜酒歌，此心安处是吾乡

可见，在吃货的心底，不管身处何时何地，生活是苦难还是甘美，整个世界都是一张由食物与记忆绘成的地图，而舌尖如船，带着味蕾与灵魂浪迹美食的江湖，与君春风一杯酒，可消夜雨十年愁。

元丰五年（公元1082年）的一个秋夜，苏东坡在雪堂与人畅饮，醉了一次又一次。当他赶往临皋亭就寝时，已是三更，他轻轻敲门，却只有家童如雷的鼾声回应。

他便一个人走到了江边。是时，夜色阑珊，黎明未至，天地之间，安静得能听见自己的呼吸。他看到长江宛若一匹细腻的素绢，在原野上铺展而去，青山的轮廓迤逦，如佳人的眉黛。而江水的另一头，青山的另一边，都是他可望而不可即的远方。他也看到了自己，一个两鬓斑白，为生计奔劳的身不由己的人，真是千般寂寞无处说啊。

于是，他对着江水，唱了一首歌：

夜饮东坡醒复醉，归来仿佛三更。家童鼻息已雷鸣。敲门都不应，倚杖听江声。

长恨此身非我有，何时忘却营营？夜阑风静縠纹平。小舟从此逝，江海寄余生。

——《临江仙》

这首词最先是被江岸的渔人听到的，但传到黄州太守徐大受耳朵里就变成了苏东坡把衣服、帽子挂在江边的树枝上，一个人乘着扁舟，长啸着，江海寄余生去了……

徐太守也是苏东坡的朋友，他们经常一起饮酒烹茶。徐太守一听就慌了，如果苏东坡真的逃跑了，那么他不仅失去了一个好友，而且身为地方官，还要担负失职的大罪。

怎料徐太守心急火燎地赶到苏东坡家里时，苏东坡正在床上睡大觉呢。徐太守看着对方一脸无辜的样子，只觉得又好气又好笑。

事后苏东坡和徐太守谈起这个误会，还半开玩笑地说："放心吧，我不会跑，我舍不得黄州。"

这话其实是真的。苏东坡后来重返京师，再下杭州，看过那么多美景和美食，也依然念念不忘他的东坡，他的雪堂，当然，还有黄州的美食。

今人常亲切地将苏东坡称之为"吃货"——在文章里，他则自称"老饕"，这个称呼自然也可以翻译成"一枚资深的吃货"。

他显然深谙各种食材和美味佳肴之间的秘密："尝项上之一脔，嚼霜前之两螯。烂樱珠之煎蜜，滃杏酪之蒸羔。蛤半熟而含酒，蟹微生而带糟。盖聚物之夭美，以养吾之老饕。"

君不见，苏东坡来黄州写的第一首诗就是：

自笑平生为口忙，老来事业转荒唐。
长江绕郭知鱼美，好竹连山觉笋香。

——《初到黄州》

黄州的鱼很便宜，精通烹饪之道的苏东坡很快就发明了一种煮鱼的方法。他将鲤鱼剖开，在鱼肚里抹上盐，塞进白菜，与葱白同煎，再加入生姜、萝卜汁和酒同煮，最后加一些橘皮，味道极其鲜美。

他还创造了一道笋衣与白菜心加鳜鱼同煮的菜谱,据说美味得令人不敢独享。于是,他马上写信给朋友钱勰——他当年在杭州做通判时,钱勰就经常相赠美食。

> 竹萌亦佳贶,取笋簟箨心与鳜相对,清水煮熟,用姜芦服自然汁及酒三物等,入少盐,渐渐点酒之,过熟可食。不敢独味此,请依法作,与老嫂共之。呵呵。

可见,在吃货的心底,不管身处何时何地,生活是苦难还是甘美,整个世界都是一张由食物与记忆绘成的地图,而舌尖如船,带着味蕾与灵魂浪迹美食的江湖,与君春风一杯酒,可消夜雨十年愁。

苏东坡还是第一个为猪肉正名的人。

自李唐开国,受胡风影响,民间素来以羊肉为贵,猪肉为贱。药王孙思邈就曾在他的书里说过:"凡猪肉久食,令人少子精,发宿病。豚肉久食,令人遍体筋肉碎痛乏气。"

但孟子也说过,尽信书则不如无书。这些对猪肉不友好的言论,苏东坡才不信呢。

一天,苏东坡正向朋友们讲述猪肉的美味,有人质疑:"吃猪肉引发风病怎么办?"苏东坡就说:"诬告猪肉可要不得啊!"

他不仅喜欢吃猪肉,更要为猪肉写颂:

黄州好猪肉,价贱如泥土。
贵者不肯吃,贫者不解煮。
净洗铛,少著水,柴头罨烟焰不起。
待他自熟莫催他,火候足时他自美。
早晨起来打两碗,饱得自家君莫管。

——《猪肉颂》

如此,这世间便出现了第一碗"东坡肉",来自临皋亭的锅灶之间,小火慢炖,肥而不腻,色泽如琉璃,香气与滋味共鸣,从鼻腔到舌尖,从肠胃到心底,每一口,都蕴含着特殊的感情和记忆,给人带来多维的愉悦。

不过,在黄州,总有那么多连猪肉和鱼虾都买不起的日子,而苏东坡之所以过得那么穷,有时连温饱都不能解决,主要还是因为他把家里好不容易存下的积蓄都捐给了福利院。

他到黄州后,偶然得知当地一直有溺杀婴儿的习俗,比密州丢弃婴儿更恶。他马上写信给太守,直言"闻之心酸,食不下咽",并带头捐钱,恳请建立福利院,拯救那些无辜的婴儿。

这个时候,"东坡羹"便应运而生了。

苏东坡将白菜、荠菜、野果、粳米等素食杂煮成菜羹,味道果然软糯香甜,满满都是山野的回甘和接地气的人间滋味。

他将这样的素食日子称为清欢,认为可祛除体内的油腻。后来他出黄州,到山水之间悠游,吃到清茶野菜,还会欣欣然写下:

细雨斜风作小寒,淡烟疏柳媚晴滩。入淮清洛渐慢慢。
雪沫乳花浮午盏,蓼茸蒿笋试春盘。人间有味是清欢。

——《浣溪沙》

而美食之外,苏东坡又好茶好酒。

酒是侠士,茶如佳人,在苏东坡心里,两者缺一不可,也是生活美学和仪式感的佐证。

到黄州后,苏东坡在园子里种了不少茶树,自己制茶、烹茶,为茶写诗,还有意一续《茶经》。

那个时候,他的茶树旁边就是邻居家的竹林。竹林里有好笋,他认为茶笋在一起尽可诠释禅味。阳光温暖的春日,他的邻居偶尔会看到他在竹林里休憩,到了黄昏,他还会捡一点笋衣回去,给妻子做鞋样。

大约也是在元丰五年,来自蜀地的道人杨世昌给苏东坡送来了酿酒的方子。

对于酒,苏东坡曾自称:"虽饮酒不多,然而日欲把盏为乐,殆不可一日无此君。"

杨世昌真是雪中送炭啊。

或许是因为生活太清苦了,苏东坡决定以糯米和蜂蜜为原料,酿一坛开瓮香满城的蜜酒。

珍珠为浆玉为醴,六月田夫汗流项。
不如春瓮自生香,蜂为耕耘花作米。
一日小沸鱼吐沫,二日眩转清光活。
三日开瓮香满城,快泻银瓶不须拨。
百钱一斗浓无声,甘露微浊醍醐清。
君不见南园采花蜂似雨,天教酿酒醉先生。
先生年来穷到骨,向人乞米何曾得。
世间万事何悠悠,蜂蜜大胜监河侯。

——《蜜酒歌》

从这首歌中,我们可以看到,这一年,他的稻谷丰收了,蜂蜜也香浓可口,而他将二者融合在一起,制造出绝世佳酿,也已经志在必得了,便忍不住笑逐颜开地感叹道:"看来这一次,老天爷是诚心想醉倒我哦!"

那么东坡蜜酒到底好不好喝?

苏东坡的儿子苏迈喝过一次就不愿再喝。苏迈觉得味道像是带有苦味的屠苏酒,还会让人拉肚子,所以他说,他父亲酿的不是蜜酒,而是泻药。

或许对于苏东坡来说,美食给人慰藉,茶让人心安,而酒,应该是为了一醉解千愁,万事皆可抛吧。

如若不然，他又何必在朝云生下孩子之后自嘲道：

人皆养子望聪明，我被聪明误一生。
惟愿孩儿愚且鲁，无灾无难到公卿。

——《洗儿诗》

秦观也喝过蜜酒，他在诗中写："蜂蜜而今酿玉液，金丹何如此酒强。"

苏东坡马上激动地回复："巧夺天工术已新，酿成玉液长精神。迎宾莫道无佳物，蜜酒三杯一醉君。"

自此之后，只要雪堂有客人来，他都会慷慨地将蜜酒端出来。

元丰六年（公元1083年），受乌台诗案牵连的王巩终于得以北归。

对于王巩遭贬一事，苏东坡一直愧疚得不行，他曾告诉朋友："定国（王巩）为我所累尤深，流落荒服，亲爱隔阔。每念至此，觉心肺间便有汤火芒刺。"

所以王巩路过黄州来看他，他更是要热情招待，将所有珍藏的美食和美酒，都拿了出来。

这一次，王巩虽然没有为蜜酒留下诗句，但他的美妾柔奴让苏东坡视为名士，惺惺相惜。

柔奴本是京城有名的歌姬，善弹琵琶，才貌双绝。王巩遭遇流放后，可叹昔日他姬妾无数，彼时却尽数散去，仅有柔奴生死相随。

席间，苏东坡问及柔奴，岭南风物如何，可曾思念家乡。柔奴莞尔，盈盈答道："此心安处，便是吾乡。"

苏东坡不禁大受触动，遂填了一首词送给眼前这位心思玲珑的妙人儿。

常美人间琢玉郎，天应乞与点酥娘。尽道清歌传皓齿，风起，雪飞炎海变清凉。

万里归来颜愈少，微笑，笑时犹带岭梅香。试问岭南应不好，却道，此心安处是吾乡。

——《定风波》

此心安处是吾乡，不正是他修炼的圆融之道吗？

苏东坡笑了，笑自己一肚子笔墨文章，竟不及一位小女子通透。

于是，自罚三杯。

据说，三杯都是蜜酒……

再见黄州：与李白在庐山"狭路相逢"

彼时，李白尚是仗剑去国，辞亲远游的少年，心怀救济苍生和安定黎民的志向。而二十多年前，苏东坡也曾怀着同样的心情初次出川。飞流如镜，站在香炉峰的瀑布前，与谪仙的诗情并肩，苏东坡却看到了他们心底相通的豪情与孤独。

元丰七年（公元1084年）的三月初三夜，苏东坡正在定惠院东山的海棠花树下喝酒。

是时花朵簇簇，清月遍野，良朋在侧，醺然间，已不知人间几何。

便更不知，千里之外，汴京城内，神宗皇帝写下的手诏，才刚刚被一匹快马送出宫门，上书：

苏轼黜居思咎，阅岁滋深；人材实难，弗忍终弃。

苏东坡在黄州已经度过了五个春天。

东山的海棠花开了五次，他也醉了五次，每一次，他都会做一个终老黄州的梦，醒来时，都悲欣交集。

而自乌台诗案后，神宗皇帝想起复苏东坡的心思，又何止起伏了五次？

早在元丰三年九月，朝廷商定改定官制，从五代官制改成唐代官制，皇帝就曾拟出一份名单：御史中丞司马光，中书舍人翰林学士苏轼……还有其他曾拥护旧法的部分官员，也都重新做了安置。

御前会议上,皇帝又进一步表明态度:"这些人,虽前此立朝议论不同,然各行其所学,皆是忠于朝廷的人,怎么可以永远废弃呢?再者,如今实施新制,自当新旧人两用。"

"领德音。"宰相王珪毕恭毕敬地接过名单,面上不动声色,心里却惊惶不已。

退朝后,他马上召集党人商量,要如何牵制皇帝,不让司马光与苏东坡进京。有人想到了一条误国的奸计,那就是设法挑起一场边疆的战乱,以转移皇帝的注意力。他们知道,西夏的长年扰乱一直是皇帝的心病,当时正逢西夏内乱,便授意庆州知州上了一道"平西夏策",尽力夸大对方内乱,鼓动皇帝发动讨伐。

果然,神宗心动了。

起复司马光一事,也自然被搁置了下来,皇帝心知肚明,保守持重的司马光绝对不会支持他发动战争。

然而,元丰四年,神宗发兵二十万分五路进攻西夏,却遭西夏反攻,决黄河水淹营地,致宋军大败,伤亡无数,生还者不足十分之一……

自此,神宗的平西大梦,强国之志,皆付东流。

梁启超曾分析过大宋不强的原因,"始焉起于太祖之猜忌,中焉成于真仁之泻沓,终焉断送于朋党之挤排。"

诚如此言,如果皇帝身边,有一群人将个人利益凌驾于家国兴亡之上,那么也就离没顶之灾不远了。君不见,这一年到山河破碎,靖康之耻,只有短短数十年。

元丰五年，皇帝又多次想召苏东坡回京，但都会被王珪一党以各种各样的理由和手段阻挠。

元丰六年的一天，皇帝正在读苏东坡的诗词，便问身边的几个臣子，苏东坡可以与哪位古人相比。

有人提到了李白。

但皇帝觉得并不贴切，他认为李白虽有苏东坡的才华，却没有苏东坡那种渊博的学识，或者说，没有苏东坡那种匡扶社稷的能力，其爱惜之心，溢于言表。

所以，元丰七年的春天，皇帝特意绕过了王珪，直接以手诏的方式，派亲信前往黄州，将苏东坡调至离汴京不远的汝州，以备日后启用。

皇帝的手诏到达的时候，苏东坡正在他的雪堂边给新种的橘树施肥。

他终究是入世的，骨子里从不失可爱又可贵的烟火气。就像前几日，在定惠院赏花的路上，他会顺手买个木盆回家，想着可以用来盛水浇瓜。途中拜访邻居的时候，会跟人讨几株橘子树，想着可以栽种在雪堂的西边。

看到诏书那一刻，他不禁老泪潸然。

他非常明白，这一纸诏书意味着什么。对于黄州，他有万千不舍，在这里，他好不容易把自己变成了陶渊明，如今，极有可能，他又要成为再起东山的谢安。

最终，他还是接受了圣意的眷顾。

只是在写给朋友的信中，他略微提及了自己内心尚未消融的两难："君恩至厚，不可不奔赴……本意终老江湖，与公扁舟往来，而事与心违，何胜慨叹……"

而当他照例向朝廷寄去谢表的时候，居然还有人说他对皇帝不敬。

好在皇帝相信他，他的敌人们只能闭嘴。

可惜五年前，皇帝并没有这样的坚定。若不然，便不会有这一段黄州岁月，他的命运也将改写。但他在文学上的成就，又会大打折扣。

塞翁失马，焉知非福？

这一年的四月一日，苏东坡离开了谪居将近五年的黄州。临走的时候，地方官和农人们都来送他，他骑在马上，回首东坡与雪堂，不由一阵感伤。

于是写下一首《满庭芳》与之依依惜别。

归去来兮，吾归何处？万里家在岷峨。百年强半，来日苦无多。坐见黄州再闰，儿童尽楚语吴歌。山中友，鸡豚社酒，相劝老东坡。

云何，当此去，人生底事，来往如梭。待闲看秋风，洛水清波。好在堂前细柳，应念我，莫剪柔柯。仍传语，江南父老，时与晒渔蓑。

——《满庭芳》

去汝州之前，苏东坡先到筠州（江西高安）看望子由。

是时正值春夏之交，一路上，泉清竹茂，快马轻衫，他的心情好起来，夜宿寺庙的时候，他写的诗句里，更是蔓延着自由的温软："芒鞋竹杖自轻软，蒲荐松床亦香滑。夜深风露满中庭，惟见孤萤自开阖。"

兄弟俩一起度过了这年的端午节。

不过子由的日子过得非常清苦，公务又十分繁忙，不是在临河的陋室里办公，就是奔波在基层。苏东坡在那里住了大约七八天的时间，几乎每天都要等到夜晚，才能与子由对酌畅谈。

苏东坡辞别子由后，他的家眷也从黄州来到九江与他会合。苏迈将到饶州（江西上饶）德兴县去做官，苏东坡去送儿子，父子又同游了石钟山。临行时，苏东坡送给儿子一方砚台，让他时刻记得为官的责任，对于百姓，当心怀慈悲，对于学识，应求之若渴。

而在九江时，苏东坡本想静悄悄地去庐山寻幽，怎知一到山脚，便有人奔走相告："苏东坡来了，苏东坡来了！"

他只能摘下帽子，无奈一笑："芒鞋青竹杖，自挂百钱游。可怪深山里，人人识故侯。"

庐山，传说中陶渊明采菊东篱下的南山，对于这里的草木山川，云霭峰峦，苏东坡都早已神交，心有戚戚，犹如故地重游。

他在诗中写道："自昔怀清赏，神游杳蔼间。如今不是梦，真个在庐山。"

庐山，也是苏东坡与李白"狭路相逢"的地方。

明月照大江，青山两巍峨，从古至今，他们都是文坛上两座无法翻越的高峰，被比较，在所难免。

诗人余光中曾说："如果要旅行，我不想跟李白，因为他不负责任，没有现实感；我也不想跟杜甫，因为他太苦哈哈，恐怕太严肃；而苏东坡就很好，他很有趣，我们可以做很好的朋友。"

世间有人爱慕李白，有人喜欢东坡，但翻阅他们的诗词文章，就像翻阅他们的命运，也就知道，李白是出尘的月光，是天之骄子，是仗剑天涯的侠客，可贵又可慕，诗意是"黄河之水天上来，奔流到海不复回"，是"疑似银河落九天"。东坡是入世的烟火，是百姓之友，是布衣蔬食的雅士，可爱又可亲，才情是"大江东去，浪淘尽，千古风流人物"，是"只缘身在此山中"。

李白一生曾五度游历庐山，与山间的松风白云比邻而居。

"日照香炉生紫烟，遥看瀑布挂前川。飞流直下三千尺，疑是银河落九天。"盛唐的诗人已经飞仙而去，但他妙手偶得的佳句，却依旧停留在庐山的月光流水里，被世人偶遇、重逢、倾慕、赞叹。

彼时，李白尚是仗剑去国，辞亲远游的少年，心怀救济苍生和安定黎民的志向。

而二十多年前，苏东坡也曾怀着同样的心情初次出川。

飞流如镜，站在香炉峰的瀑布前，与谪仙的诗情并肩，苏东坡却看到了他们心底相通的豪情与孤独。

> 横看成岭侧成峰，远近高低各不同。
> 不识庐山真面目，只缘身在此山中。
>
> ——《题西林壁》

离开庐山时，苏东坡在西林寺的寺壁上写下了这一首诗，后来被无数人当作人生哲理引用，且千年过去，尚无来者。

至于他的才华，他的襟抱，若李白有灵，从此在庐山，应不再寂寞。

第四章：笑谈浮沉的逆旅行人

"元祐锦鲤"苏东坡

苏东坡上任的第一天，高太后就派人给他送来了一套紫金官服、一条金腰带和一匹金镀银鞍辔的白马。这是他政治生涯中最荣耀的时刻。

苏东坡是元丰八年（公元1085年）十二月中旬抵达京师的。

此前一年多的时间里，他都在江淮一带漂泊，其间还经历了丧子之痛。

元丰七年六月，苏东坡到达金陵，王安石骑着一匹瘦驴在江边等他，白发苍苍，傲骨依旧。

多年不见，他们之间的身份与关系早已发生了微妙的变化。

曾经，他们是水火不容的政敌。但数年前，不理世事的王安石却为狱中的苏东坡仗义执言。如今，他们远离了朝堂的纷争，只是在紫金山下重逢的士子与隐者。

苏东坡首先向王安石行了一个作揖礼，笑道："真是不好意思，苏轼今天竟以野服来见大丞相。"

王安石爽朗一笑："礼仪岂是为我辈所设？"

无边斜阳，萋萋渡口，两个千古风流人物，一笑泯恩仇。

在金陵停留的时候，苏东坡经常去半山园找王安石，或下棋，或探讨诗词与佛理，或一起访山问水。

那是王安石晚年时最珍贵的一段日子，明明如月，豁然有光。

在此之前，旁人眼中的王安石，只是一个葛巾布衣，骑着毛驴在江边喃喃自语的怪老头，经常在家中一遍一遍写"福建子"。没有人知道他心底有多少无法化解的遗憾、苦楚与愤恨，变法的失败，爱子的伤逝，门人的背弃……最终都忿忿不平地化作满纸的"福建子"（吕惠卿是福建人）。

而在王安石眼中，苏东坡才是那个与他有着对等灵魂的人。如果他在半山园青梅煮酒，想来也只有坐在他对面的苏东坡，才有资格被他青眼相待，视为不世出之英才。

若不然，他便不会在与苏东坡分开后，发出这般喟叹："不知更几百年，方有如此人物！"

在苏东坡写给王安石的诗里，同样充满了岁月如催，世事无常的怅惘。

骑驴渺渺入荒陂，想见先生未病时。
劝我试求三亩宅，从公已觉十年迟。

——《次荆公韵四绝》

王安石曾劝苏东坡在金陵买田，与他做邻居。可惜，终究是太晚了——王安石翌年便在金陵去世。

如此人物，亦不知更几百年，方见来者。

但就在八月间，金陵成了苏东坡的伤心地，他的小儿子苏遁因病夭折了，给他造成了沉痛的打击。

从他的诗中可以看出，小儿子遗传了他的相貌和朝云的聪明与可爱——"幼子真吾儿，眉角生已似""归来怀抱空，老泪如泄水"，朝云更是伤心欲绝，看着孩子的故衣，日日以泪洗面，乳汁空流，恨不能与儿同去。

十月，苏东坡来到常州。

他那些太湖地区的老友们都希望将他留下来做邻居。他也愿意住在江淮。十年前，他在杭州做通判时，就曾在宜兴买下过两亩薄田。除此之外，就是这一次的羁旅让他失去了最疼爱的小儿子，他自己也到了知天命的年纪，可以说，他到了一生中最渴望安定的时期。

他向朝廷寄去了一份《乞常州居住表》，希望申请到常州的居住权。

京城一直没有回音。

他只能带着家人继续北上。到泗州（江苏泗县）时，已是天寒地冻的十二月，一家人的贫病交加，在过年的气氛里，显得愈发凄凉。

于是他再次上表,向皇帝说明自己的困境。

> 但以禄廪久空,衣食不继。累重道远,不免舟行。自离黄州,风涛惊恐,举家重病,一子丧亡。今虽已至泗州,而赀用罄竭,去汝尚远,难于陆行。无屋可居,无田可食,二十余口,不知所归,饥寒之忧,近在朝夕。
>
> ——《乞常州居住表》

后来在朋友的接济下,苏家人总算是熬过了这个冬天。到了元丰八年三月,他们终于盼来了朝廷的诏令,同意苏东坡在常州安置。

到常州后,他开始张罗定居的事情。他拜托京城的朋友帮忙,卖掉了他父亲当年置下的宅院,正好用来在常州买房。

他看中了荆溪边的一套房子,便花钱买了下来,打算过一段时间就搬进去。但有一天和朋友在溪边散步的时候,他听到一位老妇人在路边伤心地哭泣。

一问,才知道老妇人的儿子将自家祖传的老宅卖掉用来抵债了,而苏东坡正是买主。

苏东坡当即告诉老妇人:"别哭了,你的房子还在。"然后就撕掉了买房的合同,也没有找老妇人的儿子退钱。

回到家里,他呆住了,咦,怎么出门一趟,钱没有了,房子也没有了呢?

他只好当父亲从未买过京城的那套房子。现在，还不至于太差，房子可以租到，田也在他手里，不怕填不饱肚子。

在诗中，他又开心地写道："买田阳羡吾将老，从来只为溪山好。来往一虚舟，聊从造物游。"

但很快他就觉得有些过意不去了，感觉自己对不住皇帝的赏识与维护，说好的要报答知遇之恩呢？在新词里，他坦承了内心的矛盾。

归去来兮，清溪无底，上有千仞嵯峨。画楼东畔，天远夕阳多。老去君恩未报，空回首，弹铗悲歌。船头转，长风万里，归马驻平坡。

无何，何处有？银潢尽处，天女停梭。问何事人间，久戏风波。顾谓同来稚子，应烂汝，腰下长柯。青衫破，群仙笑我，千缕挂烟蓑。

——《满庭芳》

他不知道，自他出黄州以来，皇帝就一直在生病，而批旨他入住常州之前，皇帝已经病入膏肓，这辈子再也无法与他相续君臣的缘分了。

是年三月初五，年仅三十八岁的神宗皇帝带着满腔未酬之志驾崩。

消息传到江淮，苏东坡不敢相信，为此伤心了好多天，还写了几篇诗文凭吊皇帝的英灵。

在写给王巩的信中，他说自己蒙先帝之恩尤深，没齿难忘："众欲置之死，而先帝独哀之，而今而后，谁出我于沟渎者。已矣，归耕没齿而已。"

而在京师，十岁的太子继位为哲宗后，朝廷已由神宗的母亲，有着贤德美名与"女中尧舜"之称的宣仁太皇太后高氏摄政。

三月十七日，高太后急召司马光入京，授其门下侍郎之位，并逐步起复旧臣，罢停新政。

高太后从未忘记过苏东坡。

苏东坡不仅与她政见相同，还是她的公公仁宗亲自挑选的"太平宰相"，是她的丈夫英宗一心想要重用的人，是她的儿子神宗想要努力去珍惜的人。

所以现在，她也要想方设法地将苏东坡接到身边来，授他以高位，让他助司马光一臂之力，为大宋开辟新的局面。

但提拔苏东坡，也必须按照起复罪官的流程走，先恢复之前的官职才能进一步提升，以免落人口实。

不久，一道诏令到达常州，授苏东坡山东登州太守之职。

而当十月苏东坡抵任登州之后，朝廷再一次送来了诏书，让他尽快回到京师，等待他的，将是礼部郎中的官位。同时，子由也应召入京，很快从校书郎做到了起居郎。

翌年，朝廷改年号为"元祐"，旨在重现仁宗的"嘉祐之治"。彼时，"四海雍熙、八荒平静、士农乐业、文武忠良"，正是上至君主，下至黎民念念不忘的太平盛世。

历史上的"元祐之治"就这般拉开了序幕……

元祐元年（公元1086年）九月，苏东坡在朝中担任的官职已上升到了三品翰林学士知制诰，负责掌管内制，给皇帝起草圣旨和国书，实质相当于内相，也就是皇帝的秘书。历来得此位者，才学与德望缺一不可，如欧阳修、王安石、司马光都曾由此走向相位（宋代没有一品官）。

高太后心思昭然，她是要把苏东坡培养成司马光的接班人。

苏东坡上任的第一天，高太后就派人给他送来了一套紫金官服、一条金腰带和一匹金镀银鞍辔的白马。

这是他政治生涯中最荣耀的时刻。

平时，苏东坡在翰林院工作，里面的书斋直通太后的宫殿。每逢单日，为了确保一切的政治机密不外泄，他必须在深夜去拜见太后，太后也会备好美酒与瓜果等待他的到来，小皇帝则坐在祖母身旁，聆听勤俭廉政，励精图治的为君之道。如此，领到任务后，苏东坡再连夜回到书斋，起草双日颁发的诏令。

当时皇帝年纪还小，所谓天子诏令，通常都是太后口授，再经由苏东坡的妙笔呈现出来。而太后对苏东坡的工作能力从来都是深信不疑，因为她选中的人总是能以最快的速度、最恰当的态度和最优雅的文辞完工，甚至超过她的预期。

第二年七月，苏东坡又多了一项工作——他成了"帝王之师"，即入侍迩英阁的经筵官，为年少的哲宗讲授经史与治国之术。

这门专为皇帝开设的课程在每月单日进行，一年两期，由老师们轮流授课。上半年从二月到端午，下半年从中秋到冬至，中间是漫长的寒暑假。有时候，子由也会来轮班。这样的工作，是身为学者所能获得的最高礼遇，苏家兄弟都欣然接受了。

这个时候，皇帝的身边还没有小人的挑拨，苏东坡像他的父辈一样，皇帝很喜欢这位知识渊博又极富个性的老师。

苏东坡讲课会尽量做到有趣，而理学家程颐就会直接黑着脸告诉皇帝，这个世上的女人都是洪水猛兽。比如秦观的词句"天若有情，天也为人烦恼"就曾被程颐视作是侮辱上天尊严的蠢句子。

在课堂之外，苏东坡的声名也越来越盛。

他的诗词文章已经传到了辽国，还被许多达官贵族挂在墙壁上。据当时出使辽国的使臣说，他一过边境，就有人向他热情地打听苏东坡的消息。而在汴京城里，他随意写下的几个字，都可以拿去换羊肉。只要是他去过的酒馆，必定生意火爆，大家都争先恐后地想要点苏相公的同款菜单。就连他平时的穿戴风格，也被士大夫们竞相模仿，比如他给自己设计的"子瞻帽"，就一度被奉为最新潮流，风靡汴京。"子瞻帽"其实是一顶经过改良的乌纱帽，帽筒长而帽檐短，也就是我们今天看到的画像中，苏东坡所戴的那种帽子。

据说有一天，苏东坡陪皇帝去看戏，台上正好在演一场文人争执的戏——几个人都说自家的文章最好。

这时,一个戴着"子瞻帽"的丑角出场了,他大声喝道:"不必争啦,我的文章你们都比不了!"

"为什么?"其他人不服气地问。

"你们看不到我头上戴的'子瞻帽'吗?"

丑角滑稽又自信的表情把皇帝逗乐了,他回过头顽皮地拍了拍苏东坡的帽子,两人不由相视一笑。

诸如此类,人们都宁愿执拗地相信,戴"子瞻帽"不仅是风尚,是与苏东坡亲近的一种途径,更是满腹学识的象征和平步青云的瑞兆,毕竟他重返京师后不到一年即位极人臣,获尽荣宠。

就像时人所记载的"士大夫近年仿东坡桶高檐短帽,名曰子瞻样""人人皆戴子瞻帽,君实新来转一官",可见当时的苏东坡,足以称得上是大宋第一红人,或者说,名副其实的"元祐锦鲤"。

西园雅集:鲜花着锦的京圈生活

苏东坡的俏皮和智慧,也像热气腾腾的水雾一样,消融在大宋的市井深处,将鸿儒与白丁之间的隔膜化为无形,大家同坐一室,感同身受,获得了同等质量的温暖与欢乐。

在时间的长河中，翻阅文人雅士的聚会史，其中能被称之为"千年胜会"的，除了东晋的兰亭雅集，大约只有北宋的西园雅集了。

西园是驸马都尉王诜的府邸。打开北宋画家李公麟的《西园雅集图》，千年之后，园中宾客亦音容宛在：苏东坡、苏辙、黄庭坚、晁补之、张耒、秦观、米芾、李公麟、王诜、僧人圆通、道士陈碧虚……

米芾是书法家，也是雅集的亲历者，他写有《西园雅集图记》：

"……水石潺湲，风竹相吞，炉烟方袅，草木自馨，人间清旷之乐，不过于此。嗟呼！汹涌于名利之域而不知退者，岂易得此耶！自东坡而下，凡十有六人，以文章议论，博学辨识，英辞妙墨，好古多闻，雄豪绝俗之资，高僧羽流之杰，卓然高致，名动四夷，后之览者，不独图画之可观，亦足仿佛其人耳！"

时为元祐元年（公元1086年），盛夏。

苏东坡身为文坛的领袖，自然也是这次雅集的核心人物。

是时，苏家兄弟和许多遭到贬黜的保守派党人都回到了京城，大家聚集在一起，于名利的漩涡之外，用文化与性情的柴薪，围坐在时代的篝火边，开始了他们琴棋书画诗酒茶的京圈新生活。

对了，在那一次西园雅集中，苏东坡戴的就是子瞻帽，米芾记录过一笔：

"李伯时（公麟）效唐小李将军为著色泉石，云物草木花竹皆妙绝动人，而人物秀发，各肖其形，自有林下风味，无一点尘埃之气。其着乌帽黄道服捉笔而书者，为东坡先生……"

只是，米芾没有交代苏东坡在写什么，画上也没有表示出来。不过依旧可以确定的是，在元祐时期，苏东坡的书画艺术已经炉火纯青。

如米芾所说，他们京圈的文人雅士们都不屑名利，但显然，高官厚禄和安定的环境至少可以给他们带来最好的笔墨纸砚，以及千金不换的氛围。

苏东坡平时公务繁忙，自称"职事如麻"，工作日经常要忙到半夜才能休息。

所以，能与朋友聚会，完全是偷得浮生半日闲。那么"偷"来的闲情逸致，也自然格外珍贵。

他的身边不仅围绕着李公麟、米芾、黄庭坚、王诜这样的书画大家，更有他最爱的子由。

他们在一起时，很少谈论政事，只舒舒服服地做纯粹的文人。

有时他们去城里洗澡，在氤氲的热气中，朋友们就会大唱东坡写过的一首词来戏谑搓澡的小哥。

水垢何曾相受，细看两俱无有。寄语揩背人，尽日劳君挥肘。轻手，轻手，居士本来无垢。

——《如梦令》

这首词里，苏东坡的诙谐和智慧，也像热气腾腾的水雾一样，消融在大宋的市井深处，将鸿儒与白丁之间的隔膜化为无形，大家同坐一室，感同身受，获得了同等质量的温暖与欢乐。

有时朋友们也会到苏东坡的宅子里喝酒，然后合力完成一幅作品。

李公麟，苏东坡评价他的画是"其神与万物交，智与百工通"，人物、释道、鞍马、山水、花鸟……但凡涉猎，无所不精，被时人推为"宋画第一人""白描天下绝艺"。

米芾，曾数次造访黄州雪堂找苏东坡喝酒。他是一介狂生，能书善画，与石头结拜兄弟，又被人称为"米癫"。他将所有的痴狂与热情倾注于笔端，习得一手"米书"，俊逸超神，至今独步天下。

黄庭坚，与苏东坡、米芾、蔡襄并称"宋四家"的诗人兼书法家，他的行草出神入化，笔意如秋月澄江，古雅清透，又如侠客刀戟，变幻莫测。

苏东坡曾打趣过黄庭坚："你的字虽清劲，但笔势有时太瘦，就像树梢挂蛇。"

怎料黄庭坚嘿嘿一笑："您的字固不敢轻论，然间觉褊浅，更像石压蛤蟆。"

说完，两人相视大笑，果然知己，果然贴切，仿佛对方就是一面用来自嘲的镜子。虽然他们的字，大约就是降龙十八掌和六脉神剑的区别,一个气骨醇厚,笔意沛然,一个孤峰清逸,运笔如剑。

至于苏东坡,书法、绘画、诗词、题跋,他什么都喜欢来一点。

很多人不知道,他表面上看起来玩世不恭,其实背地里却勤奋得可怕。他写文章从不查典故,因为他把看过的书都背了下来。后来在科举考场做主考官的时候,白天他游手好闲地穿梭在同事们的房间,到处找人闲聊,到了晚上,他就疯狂地批阅试卷。

相比李白的天生我材必有用,他应该是那种活生生将自己修炼成全才的人。

或许只有老天爷知道,他在暗地里下了多少功夫。

据黄庭坚的文章所记,苏东坡酒瘾很大,酒量很逊,通常四五杯下喉就烂醉如泥。醉后,便席地而卧,鼾声如雷,但一会儿醒来,便可以落笔如风雨,写出最好的书法,画出最好的士人画。

如果这时候黄庭坚愿意为我们拉近镜头,我们将看到,他的桌子上摆着宣州的诸葛笔、李廷珪所制的小挺墨、澄心堂的纸,还有传世数百年的唐代名砚。

是的,"士人画"是由苏东坡首次提出,他认为绘画应该跳出单一的"形似"的窠臼,重视写意与内涵:

"观士人画,如阅天下马,取其意气所到。乃若画工,往往只取鞭策皮毛槽枥刍秣,无一点俊发,看数尺便倦。"

"余尝论画,以为人禽、宫室、器用皆有常形,至于山石竹木,水波烟云，虽无常形，而有常理。常形之失，人皆知之。常理之不当，虽晓画者有不知。故凡可以欺世而取名者，必托于无常形者也。虽然，常形之失，止于所失，而不能病其全，若常理之不当，则举废之矣。以其形之无常，是以其理不可不谨也。世之工人，或能曲尽其形，而至于其理，非高人逸才不能辨。"

他画竹，讲究"瘦竹如幽人，幽花如处女"，而他就是幽人中的幽人，逸才中的逸才，以竹为知己，为伴侣，为精神写照。他画石，则是与枯木同生，盘根郁结，独立风霜，一如他的傲骨，他的怪脾气，他胸中的丘壑与块垒。

所以他又说"诗画本一律""诗不能尽，溢而为书，变而为画"。

在他的世界里，一切的艺术形式都是精神的投影和情感的共鸣，可贵的是，他并没有被自己的精神和情感约束，也没有被政治的风浪磨去才气的锋芒。

在他的世界里，每一种艺术、每一种感官都是相通的，就像一个人的思想和性情忠于作品的内核，而我们在沉吟一首诗词，感叹一幅书法，欣赏一卷绘画的时候，还能从中感受到温度、气韵、颜色以及音律，似有风从宋的黄昏而来，拂过脸颊和耳廓。

此外，南宋王明清所著《挥麈录》中记载了一件事，或可侧面说明苏东坡的画技。

多年后，苏东坡过世了，他的儿子苏过路过汴京，寄居于景德寺。宋徽宗得知后，立即派人把苏过请到宫中，令其为他画一幅画。

苏过接过画笔，站在一面宫墙前，很快就画出了一幅石树图，清旷磊落的笔意，一如苏东坡的风采。

尤其是那笔触中的浩然之气，宋徽宗坐在炎炎夏日下，也不由得打了个寒战。

而不久后，一场靖康之变，汴京的所有宫墙都成了金兵铁蹄下的断壁残垣。

《东京梦华录》曾在开篇中如此描述过北宋的汴京，烈火烹油，鲜花着锦，可见一斑：

"灯宵月夕，雪际花时，乞巧登高，教池游苑。举目则青楼画阁，绣户珠帘。雕车竞驻于天街，宝马争驰于御路，金翠耀目，罗绮飘香。新声巧笑于柳陌花衢，按管调弦于茶坊酒肆。八荒争凑，万国咸通，集四海之珍奇，皆归市易，会寰区之异味，悉在庖厨。花光满路，何限春游，箫鼓喧空，几家夜宴？"

如此，轻轻掀开汴京城的一角，再来看《西园雅集图》，整个画面就像历史长卷中夹杂的一首波澜温柔的叙事诗，又像大宋王朝剪影中的一点梦幻的墨痕。

驸马园子里竹影小桥，芭蕉流水，松风簌簌，凌霄正艳，汴京城的余晖铺在露天的茶席上，茗烟在雅士们的衣襟间潆洄不已，蜿蜒如迷，却不知，赏心乐事奈何大厦将倾，良辰美景抵不过似水流年……

一肚皮不合时宜

苏东坡还是管不住自己的嘴巴，常把昏庸无能的人比作酒囊饭袋，将趋炎附势的人比作蛆蝇，将谄媚的小人视为"吮疽舐痔之辈"。所谓"不言意不快，快意言多忤"，他总是健忘，也总是因口舌之快而引火烧身。

据宋人笔记《梁溪漫志》所记，有天苏东坡退朝后，吃完饭在院子里摸着肚子走来走去，遂问身边的侍女们："你们且说说看，这里面是什么东西？"

一个侍女马上说："都是文章！"

苏东坡摇摇头，觉得并不满意。

另一个侍女则说："满腹都是学识，都是高见！"

苏东坡也不以为然。

这时朝云走到院子里，对夫君俏皮地说道："学士是一肚皮不合时宜。"

苏东坡不禁捧腹大笑。

朝云不愧是玲珑心似锦的解语花，也难怪苏东坡对她爱怜不尽，并在多年后为她写下相思如山海的情书：

不合时宜，唯有朝云能识我。

独弹古调，每逢暮雨倍思卿。

对于苏东坡来说，这饭后一问不过是闲时的自我消遣，但对于朝云来说，夫君所有的心事都逃不过她的眼睛。

的确，苏东坡有情且有趣，与这样的人在一起，无论身处怎样的环境，都不会觉得苦寒和寂寞。

曾经在黄州，他们生活贫苦，日子却过得清欢有味。可贵的是，如今面对汴京的繁华和荣宠，苏东坡同样没有冷落过妻儿。

单从这一点看，苏东坡的夫人就比京城许多官员的妻子要幸运得多。

比如司马光，他生性简朴，从不纳妾，但妻子若想约他出门，也是难于登天。

据说有一天，司马夫人想和他一起去逛灯会，他表示很不能理解："咱们家里不是有灯吗？"

司马夫人只能退一步说："那我想出去看看人。"

他便惊讶地问："咦，难道为夫是鬼不成？"

可惜司马相公满腹经纶，偏是不懂风情为何物。

比如王诜，公主对他情深义重，他却在公主的病榻边与婢女厮混，最后将公主活活气死。王诜这样的风流，又未免太过无情和下流。

而苏东坡呢，他平时工作也很繁重，但每逢假期，他都会尽量抽空出来陪伴家人,享受天伦之乐。他会陪妻妾们逛街,会去大相国寺的市集为她们买首饰和胭脂,会跟她们在月光下促席谈心。他对儿子的成长也非常关心,甚至还会操劳侄女们的人生大事——子由家的女儿们,成年后的婚嫁大多都是苏东坡在安排。

苏东坡现在的官阶为三品大员,工资与从前相比自是云泥之别,但他从不似有些官员那般铺张浪费,纸醉金迷。想来能吃苦的人,通常也不会在富贵中迷失。

当时苏东坡有一个朋友,每天家里要买十只羊,十只猪,做无数的糕点,点三百支蜡烛,把仆人们忙得团团转。

有一次他写信给苏东坡,说他最近发明的洗浴之法对身体很好,那就是先小洗面,大洗面,再小洗脚,大洗脚,最后小沐浴,大沐浴……

苏东坡只好回信给他:"我知道你自我感觉良好,然而我还是要劝你,要懂得节约与仁慈。"

这样的回信,不知道他们之间的友谊有没有翻船,但可以确定的是,朝堂上弹劾苏东坡的奏章,已经堆成了一座小山。

一切还要从司马光的葬礼说起。

元祐元年(公元1086年)九月初一,司马光病逝。他一生历仕四朝,主持编纂《资治通鉴》,政绩卓著又低调淡泊,皇帝特赐碑名"忠清粹德",举国上下则闻之恸哭。

而司马光去世这一天,正好也是皇室在南郊开启祭祀典礼的日子。皇帝要在文武百官的陪同下前去。九月初六，神宗的灵位被请入太庙，典礼正式结束，群臣们才匆匆赶往宰相府去参加司马光的葬礼。

这时，却遭到了程颐的阻拦。

程颐，洛阳伊川人，人称伊川先生，也就是历史典故"程门立雪"中的那位老师，他是宋代理学的奠基者，一生潜心孔孟之道，视娱乐为罪恶，并主张"存天理，灭人欲"，其人博学好古，恪守节操，处世却难免迂腐古板，不近人情。

程颐做经筵官时，皇帝其实很不喜欢他的教学方式，若是随手折下一根柳枝，或将蚂蚁装入瓮中，也要被他板着脸教训半天。有次皇帝生病请假，程颐就指责太后："既然皇帝未能上殿，太皇太后您怎能单独听政呢？"让太后对他很反感。

而现在，他认为大家刚刚参加完皇家典礼，才经历过钟鼓之乐，实在不宜再去吊唁，因为有悖孔夫子定下的古礼。

有人问程颐，孔夫子定下的古礼是什么，自己为何从未听过。

程颐一脸严肃地说："你难道没有读过《论语》吗？'子于是日哭，则不歌。'"

苏东坡站出来，哂笑道："对，孔子是说当日哭过就不歌，但孔子可没有说过，当日歌过就不能哭。"

其他人也都发出了笑声。

程颐气恼极了，正欲大声争辩，却见百官们都跟随苏东坡进入了宰相府，继而朝着司马光的灵柩哭拜。

程颐是这场葬礼的负责人,接下来,他又要依照古法,令人将司马光的尸体裹上锦缎下葬。

苏东坡看不惯,便讥讽道:"那还要在锦缎上写一句:请阎王收。"

程颐满脸不悦。但他还要阻止司马光的儿子出来见客。他认为,如果做儿子的在父亲死后没有悲伤到不能见客的程度,那么显然是对礼法不尊,对亡父不敬。

苏东坡再也无法忍受,便高声质问道:"这难道又是'鏖糟陂里叔孙通'制订的礼法吗?"

叔孙通,即制订汉朝宫廷礼仪的人,鏖糟陂里,则是汴京西南的一块沼泽地。鏖糟陂里叔孙通,意思就是讽刺程颐是一个胡乱制订礼仪的邋遢的蹩脚的冒牌叔孙通。

苏东坡这句话,可谓直击要害,却也彻底把程颐得罪了。

程颐怒火中烧,当场拂袖而去,程颐的弟子们更是声称要与苏东坡誓不两立。

这件事,也成了洛蜀党争的导火索,从而背离了最初的政见之争,迅速发酵成了两派门人挟私报复的朋党之争,且愈演愈烈,一发不可收拾。

然而苏东坡还是管不住自己的嘴巴,常把昏庸无能的人比作酒囊饭袋,将趋炎附势的人比作蛆蝇,将谄媚的小人视为"吮疽舐痔之辈"。所谓"不言意不快,快意言多忤",他总是健忘,也总是因口舌之快而引火烧身。

所以，以苏东坡刚烈的个性，遑论程颐，就连他敬重的司马光，他也曾为了直抒己见，与之针锋相对。

元祐元年七月，司马光提议废黜新法"免役法"，恢复旧法"差役法"。苏东坡却认为，新法不可不废，也不可尽废，最好能站在百姓的角度取其精华，弃其糟粕，但司马光一丁点儿都听不进去。

第二天，苏东坡又与司马光发生了政论之争，司马光气不过，就私下质问苏东坡："你可是深受新党迫害的人啊，为什么倒为他们说起话来了？"

苏东坡说："我不是为他们说话，我是为百姓说话。"

苏东坡敏锐地感觉到，他现在的处境以及国家的处境，和王安石当政时竟非常相似。

曾经，王安石一意孤行地实施新法，刚愎自用，现在，司马光将王安石的新法全盘否定，不也是执迷不悟，故步自封吗？

不过，与王安石当政时期不同的是，现在的苏东坡已经有了多年地方父母官的经验，不再是停留在当初的纸上谈政，他心里知道，不论是新政，还是老政，能利国利民的才是仁政。

那么，当时他敢和王安石对抗，现在，他也敢和司马光叫板。

据说苏东坡刚复官不久，一天退朝回家，人还没到房中，就已将官袍脱下甩在榻上，气愤地大声喊道："司马牛！司马牛！"

想来，苏学士也是被犟脾气的司马相公气得火冒三丈。

一次在朝堂上，面对司马光的固执己见，苏东坡又说："相公此论，真是跟'鳖厮踢'一样！"

司马光不知道"鳖厮踢"是什么意思，就问："鳖怎么能厮踢呢？（是啊，鳖的腿那么短……）"

苏东坡说："所以说嘛，无用的话就是'鳖厮踢'。"

这不禁让人想到，多年前苏东坡也曾调谑过王安石的"波乃水之皮"。

但说到底，苏东坡与司马光的争论不过是政论，就像当初他与王安石的关系一样，并不影响他们的私交。

在司马光眼里，苏东坡依旧"文学富赡，晓达时务，劲直敢言"，而在司马光逝世后，苏东坡也悲痛难当，称其是千载难逢的伟人，"好学如饥渴之嗜饮食，于财利纷华如恶恶臭。诚心自然，天下信之。"

只是，在司马光过世后，朝廷政局也渐渐裂变成了以地域区分的洛党、蜀党和朔党，之前的保守派和变法派都没有苏东坡的容身之处了。

还真是一肚皮不合时宜啊。

而这份不合时宜，其实是拣尽寒枝不肯栖，也是道不同，不相为谋。

因为一切的政见都来源于思想，物以类聚，人以群分，又都是由一个人的气骨、眼界与性情来决定。

这些,都是比才华珍贵百倍的东西。

"欲息波澜须引去,吾侪岂独坐多言。"苏东坡也知道,一入仕途深似海,即便没有争权夺利之心,也难免深陷其中,身不由己,如果想要抽身而退,就只能退出官场,才能真正置身于党争风波之外。

元祐二年(公元1087年)春,他在汴京城写下两首《如梦令》,怀念黄州的躬耕岁月、桃李春风,满纸间,都是思退之意。

为向东坡传语,人在玉堂深处。别后有谁来,雪压小桥无路。归去,归去,江上一犁春雨。

——《如梦令·有寄》

手种堂前桃李,无限绿阴青子。帘外百舌儿,惊起五更春睡。居士,居士,莫忘小桥流水。

——《如梦令·春思》

不久后的一天,苏东坡再次受到小人的攻击——有人罗织语言,巧加酝酿,诽谤他对先帝不敬。他也实在是厌倦了,便接连写了几封辞职信给高太后:

右臣准阁门告报,已降告命,除臣翰林学士知制诰者。臣窃谓自从西掖,直迁内制,虽祖宗故事,而近岁以来,少有此比,非高材重德雅望,不在此选。臣自量三者皆不逮人,骤当殊擢,实不自安。伏望圣慈察臣至诚,非苟辞避,追还异恩,以厌公论。谨录奏闻。

是夜,高太后特意召见了苏东坡:"近来你总是辞职,可否将原因从实道来?"

苏东坡说:"臣的身体不好,恐怕要辜负您的美意了。"

高太后不置可否,又问他:"内翰,前年你任的是什么官职?"

苏东坡如实回答:"汝州团练副史。"

"那么如今你任的是什么官职?"

"备员翰林,充学士。"

"你知道自己升迁的原因吗?"

"是太皇太后您的恩典。"

"跟老身没有关系。"

"那便是陛下的赏识。"

"跟陛下没有关系。"

"那是哪位大臣的推荐吗?"苏东坡想到了故去的司马光。

"跟大臣也没有关系。"

"望太皇太后明察,臣虽不肖,但也不会走歪路,寻思苟进之事。"苏东坡沉默半晌,慎重地回答。

"老身应该早一点告诉你的,"高太后叹息一声,缓缓说道:"这一切都是先帝的遗愿。先帝如果在用膳时忘记了夹菜,那么一定是在读你的文章。这在宫中不是秘密。有时他还会拍案称赞,说你是旷世奇才。然而不幸的是，他还没来得及重用你，就仙逝了……"

高太后说完，便看到了苏东坡满眼的泪水。

随后，高太后给苏东坡赐坐赐茶："内翰，老身还是希望你能尽心辅佐陛下，就当报答先帝的知遇之恩。"

苏东坡含泪告退。

高太后又赐给他一座御前的金莲花烛台，表示对他的看重。

高太后明白，苏东坡虽是一肚皮不合时宜，他的秉性却是重情重义，那么得益于此的人，也必将受制于此。

又见杭州：人生如逆旅，我亦是行人

夜间，他有时也会去参加西湖边的高楼盛筵，微醺时就凭栏簪花而歌。歌姬们常举起香帕向苏相公乞诗，他从不吝啬，然也仅此而已。他志不在此，明白情多只会累己负人，且清风朗月在怀，美人不过是点缀，风情虽好，留白却更有韵味。

自元祐二年春天，苏东坡接下御赐的金莲花烛台后，一如太后所愿，他又在京师勤勤恳恳地工作了两年。

一直到元祐四年（公元1089年），苏东坡才再次向太后上表，请求辞去京城的高位，外调地方州郡，哪怕是将他调往任何一个重难边郡，他也会永存报国之心，死而后已。

只要不在京师。

因为，他实在无法忍受无中生有又源源不绝的攻击与排挤，所谓"聚蚊成雷，积羽沉舟，寡不胜众"，不仅如此，这场朋党之间的争斗还波及了他的朋友与学生。况且，乌台诗案尚历历在心，前车之鉴，痛彻心扉。

若守其初心，始终不变，则群小侧目，必无安理。虽蒙二圣深知，亦恐终不胜众。所以反复计虑，莫若求去。非不怀念天地父母之恩，而衰老之余，耻复与群小计较短长曲直，为世间高人长者所笑。

——《杭州召还乞郡状》

他显然去意已决。想他光明磊落立于天地之间，如今年过半百，却要在朝堂上，花费宝贵光阴与小人争辩，以及应对无名的暗箭。这一切都令他深以为耻。

唉，怕了怕了。

三月十一日，苏东坡的辞职报告终于被批准，他将以龙图阁学士的身份出任杭州太守，同时管辖浙西六州郡的兵马。

离开京师时，太后还送给他一大包礼物。

到处相逢是偶然，梦中相对各华颠。
还来一醉西湖雨，不见跳珠十五年。

——《与莫同年雨中饮湖上》

不久后,苏东坡又见到了西湖的烟雨。

湖山之间,所至如归,对于苏东坡的到来,杭州百姓无不欢呼。这时,距离他上一次告别杭州,已经过去了十五年的时间。

美景如酒,生涯若梦,尽管岁月的风霜染白了他的须发,尽管相对故人,心境已非昨,但他想要造福一方百姓的初衷,却从未发生过任何改变。

和从前一样,这一次他临行的时候,也有不少朝中的朋友劝他在外面不要乱写诗。

当然,他也会和从前一样,管不住自己的手和嘴巴。

但这一次,至少刚到杭州的那段时间,他的确很少写诗,半年仅三首,或许也是因为,他的工作真的是太忙了。

首先是囤积粮食,平抑米价。

这一年,杭州风雨不顺,土地先是遭水,后又遭旱,百姓收成甚微,城中米价暴涨。苏东坡抵任的时候,每斗米已经卖到了六十钱,到了秋冬,更是涨到了九十五钱。

经验告诉他,如果不及时囤粮,那么到了来年开春,很可能又会遭遇熙宁八年那样惨痛的灾难。那一年,因为地方官没有及时预防,待灾荒真正来袭时,朝廷的补救早已是远水解不了近渴。最后,饿殍满地,疫病蔓延,仅杭州一地就死了五十万人。

所以苏东坡很明白,预防比弥补要重要得多。

他火速上表给朝廷,一道一道力排众难,请求缓交上供的粮食，并申请拨款赈灾，同时到处争取余粮，又令人前往外地收购，甚至将准备修建官舍的钱也投了进去。

是年七月到八月，浙西一带暴雨连绵，西湖洪水泛滥，苏东坡彻夜难眠。这时，赈灾的粮食和款项都已经拨下来了，然而到达杭州却还要经过重重阻挠，还要不断疏通关系。

很多次，百姓看到苏东坡在湖边徘徊，对着远方怅然而叹："呜呼，谁能稍助我者乎？"

那个时候的他，葛巾布衣，芒鞋竹杖，头上绑着最廉价的麻绳，心事却重如万山。

到了元祐五年（公元1090年）春，天灾果然来了，但有苏东坡未雨绸缪，百姓的损失已然降至了最低，而且在这一次灾难中，浙西几乎没有饿死的人。

然而，通常灾荒之年都会伴随疫病。这一次也不例外。春夏相交的时候，很多人染上了腹痛腹泻、发热恶寒的瘟病，好在苏东坡找到了解救的办法，那就是曾经在黄州谪居时，他通过软磨硬泡从老乡巢谷那里得来的一剂妙方，由草豆蔻、石菖蒲、独活、麻黄、芍药、柴胡、半夏、茯苓、甘草、白术、厚朴、防风、藿香、细辛、附子等二十味中药构成，名曰"圣散子"，正好可以用来济世救民。

那么"圣散子"有多灵呢，苏东坡称它是居家旅行必备的宝贝。如果用来治病，"连饮数剂，即汗出气通，饮食稍进，神宇完复。"如果没有疾病,"能空腹一服,则饮食倍常,百疾不生。"

只是巢谷昔日传方时,曾让苏东坡指江水为誓,不可外传他人。

但现在,苏东坡可管不了那么多了,为了千万百姓的性命,他心甘情愿做一个违背誓言的人,再说了,他做这种选择,老天爷和巢谷都应该理解他的。

于是他心安理得地把方子公之于世,号令民众在各个街口架起大锅,专门用来熬制汤药,无论是城中的男女老幼,还是过往的商客旅人,都可以排队领药。

当治病的工作告一段落后,苏东坡又开始为穷人们考虑长久之计。

他从公款里拨出了一笔钱,再加上自己的积蓄,很快便建立了第一家公立医院——安乐坊。

所有利民的事情都在雷厉风行地进行着。

光阴飞逝,时不我与,因为苏东坡并不知道自己能在杭州待多久,子由告诉他,京师的政局一直在变化,而高太后也一直想召他回京。

所以,一到杭州,他就成了与时间赛跑的人,对于这一方水土,他还有太多的事情要做。比如疏浚河道,比如治理西湖,比如解决百姓的饮水问题……

当时有两条运河穿城而过接通钱塘湾,但每隔几年,河床就会被泥沙堵塞,不仅影响交通,还容易加剧旱涝。

疏浚河道于元祐四年十月开始。苏东坡调集军队，仅用了半年时间就完成了工程。而且，他还令人在靠近钱塘湾的地方给运河加了一道闸门，涨潮时即可关闭，阻挡潮水挟带的泥沙。

第二年四月，完工的河道焕然一新，居民出行再不必与泥沙为伍，来往的船舶也都可以畅通无阻了。

如此，四月底，苏东坡又马不停蹄地实施治理西湖的计划，同时疏浚六井，解决饮水。

这一次，杭州六井不仅淤塞严重，就连输水管道也腐坏了。

苏东坡虚心请教一位高僧，将所有的竹管换成陶管，外面再加一层石槽连接西湖，可保百世甘泉奔涌。

十五年前，西湖的碧波曾抚慰了苏东坡的乡思，而现在，如果放任不管，严重淤塞，满是水草葑田的西湖怕是活不过二十年。

西湖有多重要呢，从游赏的角度来看，西湖就像是杭州的眉毛，从民生的角度来看，西湖无异于杭州的心脏，上自运河，下及民田，饮食所资，皆源于此。

治理迫在眉睫。

苏东坡是整个工程的策划兼总指挥，他把办公室搬到了石佛院的十三楼，隔天就到湖上监察，奔走于泥淖之间，与民工同吃同住。

至于湖中的淤泥和水草，他从白沙堤获得了灵感，正好可以用来建筑一道长堤，接通南屏与北山，堤上则栽种花柳，建造亭台、拱桥，既可以缩短绕湖的路程，又可以供百姓玩赏驻足。

他离开杭州后,人们便将此堤命名为苏堤,以表怀念和感激。

最后,他采纳了一位官员的建议,将湖边的浅水区出租给百姓种植菱角,一来可以抑制水草杂生,二来还能帮百姓解决生计。又在湖水中立三座石塔为界,也就是今天的三潭印月。

古岸开青葑,新渠走碧流。会看光满万家楼。记取他年扶路、入西州。佳节连梅雨,余生寄叶舟。只将菱角与鸡头。更有月明千顷、一时留。

——《南歌子·湖景》

山与歌眉敛,波同醉眼流。游人都上十三楼。不羡竹西歌吹、古扬州。菰黍连昌歜,琼彝倒玉舟。谁家水调唱歌头。声绕碧山飞去、晚云留。

——《南歌子·杭州端午》

是年端午那一天,苏东坡在石佛院的十三楼写下了这两首小词。

看得出来,他当时心情大好,脑海里已经模拟出了西湖的新貌,山如眉峰,水如眼波,玉舟画舫载明月而归,楼台亭阁,烟柳长堤,游人仕女踏清歌而来。

苏堤春晓、三潭印月这些利民工程也一直保留至今,不仅成了西湖的著名景点,更可以体现出苏东坡非凡的智慧和美学思想。

可以说,没有当初的苏太守,就没有今天的杭州西湖,就像没有苏东坡,整个大宋文坛都会黯淡失色。

西湖整治工程大约在这一年的秋天完成。苏东坡终于得出闲暇，可以访山问茶，临湖赋诗了。

清晨，他穿过竹林和冉冉的绿雾，去山间找僧人朋友煎茶论禅，一直到日影飞去，才慢悠悠地回到城中。

夜间，他有时也会去参加西湖边的高楼盛筵，微醺时就凭栏簪花而歌。歌姬们常举起香帕向苏相公乞诗，他从不吝啬，然也仅此而已。他志不在此，明白情多只会累己负人，且清风朗月在怀，美人不过是点缀，风情虽好，留白却更有韵味。

他还是那么好客。

"高斋"，是他在杭州的官舍，这里就像黄州的雪堂一样，虽简陋清寒，但谈笑有鸿儒，往来无白丁，也自有一番馨香。

两浙兵马都监刘景文就是高斋的座上宾之一。刘景文有才有谋，为人慷慨，品格高洁，时年五十九岁的他，生命已步入深秋，抱负却依然如少年。然而，因其父曾被西夏军所俘，他一直不受朝廷重用。苏东坡称他为"无双国士"，感佩他"胸中事业九门知"，也曾多次为他的前程上表举荐。

这年深秋的一天，苏东坡与刘景文同游西湖，把酒言欢，是时，有枯荷可听雨，残菊可傲霜，良辰，好景，名士的情意，不老的壮志与风流，皆可入诗。

荷尽已无擎雨盖，菊残犹有傲霜枝。

一年好景君须记，正是橙黄橘绿时。

——《赠刘景文》

苏东坡很快就要离开杭州了。

元祐六年的春天,他收到了高太后让他回京续职的诏令。

但他并不愿意回京,再与鼠辈为伍。便宁愿待在其他的州郡,远离朝堂上的是非,真真切切地造福于民。

所以这一次,他将独自启程前往京城。

他没有携带家眷,或许是因为,他知道自己不会在京城久留,那么杭州,无疑是一个理想的退避之所。

有情风万里卷潮来,无情送潮归。问钱塘江上,西兴浦口,几度斜晖?不用思量今古,俯仰昔人非。谁似东坡老,白首忘机。

记取西湖西畔,正春山好处,空翠烟霏。算诗人相得,如我与君稀。约它年、东还海道,愿谢公雅志莫相违。西州路,不应回首,为我沾衣。

——《八声甘州·寄参寥子》

临行前,百姓亲朋,都来与苏东坡依依惜别。他则写了这样一首小词送给参寥。但愿自己不负与子比邻而居,忘情山水之间的雅志。

值得一提的是,被召回京的那一天,他简陋的办公桌上,还摆着开发江苏运河系统的计划书。

一别都门三改火,天涯踏尽红尘。依然一笑作春温。无波真古井,有节是秋筠。

惆怅孤帆连夜发,送行淡月微云。樽前不用翠眉颦。人生如逆旅,我亦是行人。

——《临江仙·送钱穆父》

而这时,钱勰(穆父)也正好从绍兴去河北上任,路过杭州时,他来看望苏东坡,两人又是一番畅饮。

在写给钱勰的饯别词作中,苏东坡称赞对方有古井一般的淡泊智慧,秋竹一般的高尚节操。因为与苏东坡一样,钱穆父也是性情中人,早已看淡了仕途的跌宕坎坷。

人生如逆旅,我亦是行人。宦海沉浮数十年,他们曾几度同舟共济,而前尘往事,天涯长梦,如今都可以执手故人,尽付笑谈中。

至于这一壶漂泊的余生,便就着这湖山的风月,况味和情义,一饮而尽吧。

不如归去,做一闲人

他告诉子由,他会直接去扬州。但愿日后可以溯流归乡,载书而行,在眉山修筑房屋,种植果树,等着子由告老而归,然后对一张琴,一壶酒,一溪云,乐尽天真度余生。寄信的时候,他又怅然了许久,感觉自己在信封里装了一个梦。

元祐六年(公元1091年)五月,苏东坡抵达京师,续职翰林学士，知制诰，兼帝王之师。

太后年事已高，想将苏东坡扶上宰相的官位，也希望他可以与子由的尚书左丞合力，以达到制衡朝堂权力的效果。自陈桥兵变以来，宋朝吸取前朝教训，为了防止独相专权，特设两个宰相，当时坐在相位上的，就是吕大防与刘挚。

吕大防没有害人之心，却生性懦弱，只能任凭刘挚在暗地里搅动朝堂风云。刘挚，树大根深又心狠手辣，他身为朔党之首，深受太后倚重的苏东坡一还朝，便将其当成了自己的头号政敌。而自从程颐离京后，以贾易为首的洛党门人也都依附于刘挚一派，此时更是视苏东坡为眼中钉，无时无刻不想将其置之死地。

可叹皇皇朝堂，竟成虎狼之地。

敌人们对苏东坡进行轮番攻击，弹劾他虚报浙西灾情，污蔑他筑西湖大堤，只为自己游玩之乐，说他撰写的诏令里面有讽刺先帝的典故……就连子由也被牵涉其中，称其出使外邦时泄露了国家机密，罪不可赦。

所以，苏东坡从接到诏令开始，就一直在上表请辞，但遗憾的是，太后都用沉默回答了他。

苏东坡只能再次请求外任。

怎料这个时候，他的敌人又打造了一支莫须有之箭，想效仿昔日李定，从他的诗词里找到弹劾（诬陷）的证据，称他对先帝不敬，按照律法，那可是杀头的大罪。

六年前,也就是元丰八年(1085年)五月,苏东坡曾写下过三首诗:

> 十年归梦寄西风,此去真为田舍翁。
> 剩觅蜀冈新井水,要携乡味过江东。
>
> 道人劝饮鸡苏水,童子能煎莺粟汤。
> 暂借藤床与瓦枕,莫教辜负竹风凉。
>
> 此生已觉都无事,今岁仍逢大有年。
> 山寺归来闻好语,野花啼鸟亦欣然。
>
> ——《归宜兴,留题竹西寺三首》

彼时,离神宗皇帝驾崩已有两个月,苏东坡正在扬州竹西寺游玩。

竹西寺曾是隋炀帝的故宫,佛殿依山而筑,飞檐吞云吐雾,极为壮观。寺中有泉在石隙,名为"蜀井",相传井底有暗河,与蜀江相通,其水甘洌无比,足以一慰蜀人乡思。

那一天,蜀人苏东坡访寺累了,便躺在道人的藤床上,听着风从云海而来,吹动竹叶,簌簌有声,只觉全身轻盈,无上清凉。

下山时,他听闻百姓谈论收成,农作物长势甚好,想起自己乞居常州的上表获批,从此也成了他们中的一员,只需要单纯地与土地打交道,又不禁在心底生出了一种如释重负,如愿以偿的欣喜。

但现在,苏东坡的政敌之一,程颐的门人,侍御史贾易出手了,他将"山寺归来闻好语,野花啼鸟亦欣然"这一句摘了出来,呈在太后面前,弹劾苏东坡不忠不义。

为何?身为人臣,听闻先帝驾崩,不是应该泣血哀号吗?苏东坡倒好,在诗里写什么"好语""欣然",如此拍手相庆,简直大逆不道啊!

苏东坡懒得自辩。

他认为,只要调查到写作日期,便可自证清白。

不过子由觉得,还是很有必要跟太后辩证一下:

"臣问兄轼,云实有此诗,然自有因依。乙丑年三月六日(元丰八年),在南京闻裕陵遗制,成服后,蒙恩许居常州。既南去至扬州,五月一日在竹西寺寺门外道傍,见十数父老说话,内一人合掌加额曰:'闻道好个少年官家(皇帝)。'臣兄见有此言,心中实喜,又无可语者,遂作二韵诗,记之于寺壁,如此而已……望圣慈体察。"

子由奏完便退下了,他相信太后应该能明辨小人拙劣的指控。

太后的确对苏家兄弟的人品深信不疑,只是按照程序,她还是要派人调查一下。结果证明了她识人的眼光很不错。

这年八月,朝廷终于同意苏东坡外任。

与上次知杭州一样,这次他也将以龙图阁学士知颍州,还收到了太后御赐的金腰带。

他松了一口气,如鱼挣脱了渔网,跃入了江河。

临行前的那个夜晚,秋风起兮,草木摇落,空气中泛着薄薄的寒意,苏东坡去跟子由道别,写下了这一首诗:

床头枕驰道,双阙夜未央。
车毂鸣枕中,客梦安得长。
新秋入梧叶,风雨惊洞房。
独行残月影,怅焉感初凉。
筮仕记怀远,谪居念黄冈。
一往三十年,此怀未始忘。
扣门呼阿同,安寝已太康。
青山映华发,归计三月粮。
我欲自汝阴,径上潼江章。
想见冰盘中,石蜜与柿霜。
怜子遇明主,忧患已再尝。
报国何时毕,我心久已降。

——《感旧诗》

苏东坡想起嘉祐年间,与子由来京城考试,寓居在怀远驿站,也曾在这样的秋夜辗转反侧,聆听冷雨,感叹人生中的悲欢离合。彼时,他二十六岁,子由二十三岁。而如今三十年过去,两个人漂泊于宦海,聚少离多,身不由己,又都白发苍颜,真不知何时才能再续风雨对床的盟约……不禁悲从中来,一阵凄楚。

诗中有一个小细节很让人感动,也足以看出苏东坡对子由的爱之深沉——他扣门喊着子由的小名"阿同",但子由已经睡着了,他便不忍再打扰,只是站在子由的门外,久久凝视,风露中宵。

是年八月二十二日,苏东坡到达颍州。

还记得二十年前,他第一次赴杭州任通判,还曾和子由去颍州看望欧阳修,一起泛舟于颍州西湖,醉眼看烟波,不用去理会那明天的车马东西,惆怅风月。

他喜欢颍州的一切风物人情——因为是老师的故地,这一次抵任,他又从心底生出了一种还乡的亲切与喜悦。

他在写给朋友的信中说:"得颍藏拙,余年之幸也。自是刳心钳口矣。"

在他眼里,颍州这样的好地方,是可以用来藏拙的,尽可笑纳他的"独占人间一味愚"。但"刳心钳口",那怎么忍得住呢?说起来,这四个字倒是更像他许下的一个自我期待,和愿望一样。

毕竟愿望总是心向往之又遥不可及的。

果不其然,到官才十天,他就开始写诗了:

我性喜临水,得颍意甚奇。
到官十日来,九日河之湄。

> 吏民相笑语，使君老而痴。
> 使君实不痴，流水有令姿。
> 绕郡十余里，不驶亦不迟。
> 上流直而清，下流曲而漪。
> 画船俯明镜，笑问汝为谁？
> 忽然生鳞甲，乱我须与眉。
> 散为百东坡，顷刻复在兹。
> 此岂水薄相，与我相娱嬉。
> 声色与臭味，颠倒眩小儿。
> 等是儿戏物，水中少磷缁。
> 赵陈两欧阳，同参天人师。
> 观妙各有得，共赋泛颖诗。
>
> ——《泛颖》

诗中的"赵陈两欧阳"，则是苏东坡的四个好朋友：颍州通判赵令畤、州学教授陈师道以及欧阳修家的两位公子。

他们四人经常约了在一起饮酒、赋诗、泛舟绕城游玩。在朋友面前，苏东坡甚至可以像孩子一样与湖水嬉戏。

而苏东坡这样的人，也总是能让朋友获得不同的交往体验。

他性格多元，乐观、天真、睿智、疏狂、旷达、疾恶如仇、热情如火、温柔如水、儒雅如竹，有时却是一把利剑。

同时，他又是一个妥妥的"斜杠青年"（拥有多种职业和多重身份的人）：文士、官员、书画大师、茶人、酒徒、老饕、参禅者、收藏家、资深驴友……以及水利工程师。

是的,无论玩得多么高兴,苏东坡都从未忘记过自己为官的责任——为国为民,永志不渝。

当时陈州遭遇水患,陈州知州向朝廷提议开凿八丈沟,将陈州之水引入颍河,再由颍河排入淮河,以此达到消除水患的目的。

苏东坡不是只会坐着马车视察,全凭臆想判断的利己主义官僚。他通晓水文地理,又有多次与水利工程打交道的经验,于是一来到颍州,便去进行实地勘察。他令人用竹竿测量水平,一共动用了五千多根竹竿。两个月后,结果证实了他的推测,淮河汛期的水位果真要比八丈沟水位高出近一丈。那么八丈沟一旦挖成投入使用,当大汛来临,颍河必遭逆灌,颍州也将替代陈州遭受无妄之灾,实乃劳民伤财之策!

他赶紧写下《奏论八丈沟不可开状》,三次上书朝廷,列出实据,直指弊端,请求停挖八丈沟。

不久后,八丈沟终于停工了。苏东坡不仅救了颍州的水患,为国家节省钱米三十七万贯,更让十八万百姓免除了劳役。

是年腊月,颍州大雪纷飞,苏东坡出城的时候,看到很多附近州郡的灾民在雪中前行,他们饥寒交迫,贫病交加,饿了用草根树皮充饥,病了就只能倒在路边。

回城后,苏东坡一夜都没有睡着。

第二天，天还没有亮，苏东坡就把通判赵令畤叫醒了。

赵令畤曾在陈州赈灾有功，苏东坡便问赵令畤，想要救济这些灾民，可有什么好办法。

赵令畤告诉他，可以打开义仓放米，然后找酒务匀出炭火柴薪，为灾民解决饥寒的问题。

苏东坡觉得是个好主意。

同时，他还上书朝廷，请求赈灾淮浙，并停掉柴薪和稻谷的赋税："淮浙累岁灾伤，来年春夏必有流民。而颍州正当南北孔道，万一扶老携幼，纷集境内，理难斥遣。若饥毙道路，臭秽薰蒸，民同被灾疫之害。弱者既转沟壑，则强者必聚为盗寇。"

朝廷答应了。

苏东坡又为颍州做了一件好事。

然而就在这时，他却收到了朝廷的调令，让他离开颍州，到扬州上任。

元祐七年二月，再次升官的子由遣人送信到颍州，约苏东坡回京述职，并暗示兄长，刘挚已经离京，只要他愿意，就可以与自己一起留在京师，辅佐皇帝。

清夜无尘，月色如银。酒斟时、须满十分。浮名浮利，虚苦劳神。叹隙中驹，石中火，梦中身。

虽抱文章，开口谁亲。且陶陶、乐尽天真。几时归去，作个闲人。

对一张琴，一壶酒，一溪云。

——《行香子·述怀》

而这时，一如苏东坡在词里的自述，他已经对朝堂之上的浮名虚利和尔虞我诈深以为厌了。就连京师，他都唯恐避之不及。

他仕宦数十年，热爱杭州、颍州、钟情黄州、徐州，哪怕后来去了惠州、儋州，也从未想念过汴京的紫陌红尘。

或许是因为，他的仕途从汴京开始，却也是在汴京，他尝到了地狱的滋味。

在回信中，他告诉子由，他会直接去扬州。但愿日后可以溯流归乡，载书而行，在眉山修筑房屋，种植果树，等着子由告老而归，然后对一张琴，一壶酒，一溪云，乐尽天真度余生。

寄信的时候，他又怅然了许久，感觉自己在信封里装了一个梦。

人生天地之间，日子如白驹过隙，稍纵即逝，忽然而已。

这一年，他五十六岁了。如果再次回到京师，留在政治的窠臼之中，每天与小人们过招拆招，岂不是折辱了自己，又浪费了生命？

这样的亏本买卖，他苏东坡才不做哩。

第五章：自有苍穹的元气老僧

从江南到岭南："佛系"是怎样炼成的

年轻时，不知光阴易逝，世事弥艰，我们总会在茫茫人海中寻找一见倾心的脸，而只有历经悲欢离合，遭遇大起大落后，才会渴望拥抱相同质地的灵魂。

元祐七年（公元1092年），苏东坡也成了烟花三月下扬州的人。

在新写的诗中，他说自己是"二年阅三州"，一把老骨头了还忙得像个小磨儿，好像被什么无形的东西驱赶着。

这无形的东西，看似是皇权之手，实则就是人们常说的命运，因为它让人无法预知，又无法摆脱。

从颍州到扬州，一路上，苏东坡看到农田里麦浪起伏，山坡上桑麻遍野，放眼都是一片丰收之象，心里不禁欢欣万分。

但很快苏东坡又看到，分明是麦收季节，田野阡陌之间却没有一丝人烟。于是，他一个人走进村落深处，去访问当地父老，才知道相比灾荒，种地的农民其实更怕丰年。

父老们泣不成声地告诉苏东坡，农民在灾荒之年尚可节衣缩食，勉强糊口，可是一到丰年，就要把历年所欠的公债和利息一起偿还。农民们还不起，催欠的官兵就随时可能闯入民舍，棍棒伺候，或者是将他们抓进监牢，严刑拷打，让他们求死不得。

苏东坡意识到，这是王安石变法留下的烂摊子。那么现在，除了他，已经没有人为百姓说话。

他拟了一份详尽的表章上奏朝廷，搬出了孔夫子说过的话，"苛政猛于虎"，而水旱杀人，更是比虎凶猛百倍。催债的官兵也是犹如虎狼，每州不少于五百个，让百姓无处安生。所以他请求朝廷实施仁政，对于农民们积欠的债务，可以宽免一年。

一个月后，苏东坡又写信给太后，希望太后慈悲为怀，可以按照他之前奏章上的建议，重新处理百姓的负债，"使久困之民，稍知一饱之乐"。最起码，可以让小民们活得像个人，稍稍喘上一口气。

到了七月，诏令终于下来了，如苏东坡所愿，朝廷果然宽免了淮浙农民们一年的积债。

是时，苏东坡正对着陶渊明的《饮酒》诗，隔空唱和，如梦似醉。直到收到诏书，他才猛然清醒，如获至宝，连忙上表朝廷，以示感谢。

民劳吏无德，岁美天有道。

> 暑雨避麦秋，温风送蚕老。
> 三咽初有闻，一溉未濡槁。
> 诏书宽积欠，父老颜色好。
> 再拜贺吾君，获此不贪宝。
> 颓然笑阮籍，醉几书谢表。

——《和陶＜饮酒＞二十首·其十一》

后来在这组诗的序言中，他如此写道：

"吾饮酒至少，常以把盏为乐。往往颓然坐睡，人见其醉，而吾中了然，盖莫能名其为醉为醒也。在扬州时，饮酒过午，辄罢。客去，解衣盘礴，终日欢不足而适有余。因和渊明《饮酒》二十首，庶以仿佛其不可名者，示舍弟子由、晁无咎学士。"

对于生命，他认为，只有闲适才是得到，而庸碌无为，没有按照自己意愿所度过的日子，都是失去，都是苟活。

昔日在黄州时，苏东坡就曾常读陶渊明，《饮酒》诗中有句"啸傲东轩下，聊复得此生"，就让他发出过感叹："靖节以无事自适为得此生，则凡役于物者，非失此生耶？"

如今置身扬州，陶渊明依旧是苏东坡的精神参照，是他渴望靠近的同类。

或者也可以这样说，他是在黄州爱上的陶渊明，但他一定是在扬州，真正懂得了陶渊明。

黄庭坚曾一语道破苏东坡的心事，说读陶渊明，血气方刚时，如嚼枯木，只有绵历世事，才如渴饮水，如欲寐得啜茗，如饥啖汤饼。

就像年轻时，不知光阴易逝，世事弥艰，我们总会在茫茫人海中寻找一见倾心的脸，而只有历经悲欢离合，遭遇大起大落后，才会渴望拥抱相同质地的灵魂。

哪怕，他们之间相隔了七百年。

但世间有两种神奇的物体，可以让时间和心灵产生微妙的变化。

比如酒，酒精有时不会让人真正地醉去，却可以成为溯源时间之河的载体，可以浸泡出比刀剑更刚烈的骨头，也可以让思绪万里鹏飞，逍遥神游。

比如墨，文字落纸成诗，诗可以造梦，也可以改变生命的维度，躲过世事的缠绵和岁月的蹉跎，从命运的手里，重分一杯羹。

是年八月，苏东坡的《和陶〈饮酒〉二十首》全部写完，而他也要离开扬州了。

朝廷又召他还朝，这一次，是让他回京师做兵部尚书兼侍读，还需负责皇帝南郊祭祀的卤簿使。

皇帝已经十八岁了，去南郊祭祀是他亲政前的一个重要流程。

苏东坡不能推辞。

天明问前路，已度千重山，那么就再见了，扬州。

这次还朝，苏东坡做了两个月的兵部尚书，很快被转为端明殿学士、礼部尚书，接受朝廷御赐的金带。

他看起来官运亨通。有人来祝贺他，但他说自己最想念的还是种田的日子。只是一日在朝堂，就会尽心尽力，直言相谏，从不避讳。他的肚子里，依旧装着国家社稷，也依旧不合时宜。

第二年三月，苏东坡再次遭到弹劾，而且是七道奏章。

不过弹劾的理由一点新意都没有，又是什么"讪谤先帝"。

他都听烦了。

苏东坡跟太后说，要么让他退休，要么将他外放，连外放之地他都想好了，就是越州（浙江绍兴）。

越州的确是个好地方，那里有白梅可赏，卢桔可食，没事的时候，还可以去会稽山下种种田。

太后知道留不住他，便只好答应他。不过将外放的地方改到了河北的定州。那里是重边难郡，或许比越州更需要一个好的父母官。

苏东坡一心想离开京师，其实还有一个原因，那就是他隐约预感到，他要辅佐的人，日后很可能不会成为明君。

皇帝登基时年纪尚小，只能请太后垂帘听政，那么国家大小事务自然也都由太后做主。待皇帝成年后，太后本应撤帘还政，她却依旧坐在朝堂上，希望再助孙儿一程。

可惜皇帝并不喜欢太后的帮助。

他要用自己的方式进行反抗。比如太后下令搬走的桌子，他会再令人搬回来。太后问为何,他回,因为是父王用过的桌子。比如大臣向太后禀报时,无论是对是错,他都不发一言。太后问为何,他会回,既然有人做主,又何必问我。太后给他找最好的老师,他便逃课。太后担心他沉溺女色,他便令人悄悄带回十个乳娘。

对于祖母的干涉以及元祐大臣的忠告,他都心生抵触,甚至私下抱怨说,自己只是一个坐在龙椅上的摆设品。

于是便有流言,说太后是想废掉哲宗,改立她自己的儿子为帝。

要命的是,皇帝居然对这种低劣的诬告深信不疑。

太后沥尽心血多年,却无端受人猜忌,不免悲从中来,一病不起。

而积压在皇帝心底的怨恨以及对亲政的渴望,早已悄然化成了猛兽。

现在,猛兽之所以还被关在笼子里,不过是因为掌管钥匙的人还没过世。但很显然,有人在冷眼期待着那一天的到来。

就在苏东坡要出发定州的时候,闰之突然病倒了。

八月一日,闰之去世,苏东坡伤心至极,将她厚葬在西郊的佛寺中。闰之是佛教徒,苏东坡便撰写佛颂,请李公麟画下释迦文佛供奉于寺庙,为亡妻超度,又写下沉痛的祭文,感念闰之的贤良淑德,一路甘苦相伴,但愿死后与之同穴,以寄情思。

怎料九月三日，太后也驾崩了。

从此，苏东坡余生的命运都将发生巨大的改变。

因为，皇帝真正亲政的时候到来了。太后再不能为苏东坡庇护，而敌人的另一只靴子，也已经步入了宫门。

章惇，昔日王安石的下属，苏东坡曾经的朋友，被他预言"日后必杀人"的人，这时到了皇帝的身边，投其所好，并很快拜相。

很多年前，苏东坡在凤翔府上班时，章惇正在附近的商州任职，公务清闲时，他们经常会约了一起游玩山水。

有一次，他们遇到了一处深潭，四周都是百尺绝壁，唯有一截横木架桥，可供人侧身通过。章惇让苏东坡走过独木桥，到对面的石壁上去题诗，但苏东坡不敢去。而章惇却可以神色自若地走过木桥，挥笔写下"章惇、苏轼到此一游"，然后折回苏东坡的身边，再看那壁上的笔力和气韵，竟然一丝都没有抖动。

于是苏东坡拍着章惇的肩膀说："日后你一定会杀人。"

章惇说："为什么呢？"

苏东坡说："对自己的性命可以开玩笑的人，自然也能杀人。"

章惇大笑起来，也只当是在听一个玩笑。

不知道有一天，当一人之下万人之上的章惇向皇帝提议，要对司马光鞭尸，向元祐党人疯狂报复的时候，苏东坡有没有想起他的那个预言，有没有倒吸一口凉气，章惇最终还是把他性格中的勇和狠都用到了政治上。

是的,在元祐党争中,章惇被太后贬至岭南,所以对于元祐党人,他心里同样有着磨刀霍霍的怨恨。

这种怨恨,让他和皇帝迅速结成了联盟,再加上太后曾要谋取皇位的谣言,一场史无前例的政治浩劫便可以开始了。

现在,所有的元祐老臣都遭到了贬黜,被迫离开了京城。子由被贬到汝州当太守,苏东坡的门人全部被驱逐。有人曾在太后面前告小皇帝的状,则马上被流放到千里之外的蛮荒之地。已经去世的司马光被诬告成参与太后密谋夺位的人,他的尸体和后人都遭了殃。就连太后也被章惇称为"老奸擅国",建议皇帝将其灵位逐出太庙,不过这一件事皇帝没有照做,或许是因为他不想自己死后被祖宗教训。

苏东坡于十月二十三日到达定州,因为太后的先见之明,早就为他安排了边郡的去处,居然成了唯一在风暴到来前全身而退的人。

在定州,他穿上戎装,重整军纪,安顿军心,召集民间武装力量,只为巩固边陲军事,不负太后的良苦用心。

无奈朝廷根本没有人看得见他的政绩,也没有人理会他的上表。

就像离京之前,按照祖宗之法,派往边郡的官员应该面辞皇帝,但皇帝根本不想召见自己的老师。

苏东坡只能以臣子的身份冒死相谏，劝皇帝亲贤臣，远小人，愿皇帝慈、俭、勤、慎、诚、明，凡事以江山社稷为重。

不承想，换来的却是小人的再度迫害——有人在苏东坡曾经为太后撰写的诏令中摘出两句话来，说他"讥刺先朝""毁谤先帝"。

绍圣元年（公元1094年）四月，一道贬谪的圣旨到达定州，苏东坡所有的朝廷官职都被撤掉了，他将被流放到岭南的英州（广东英德），担任太守。

但就在他启程前往流放之地的途中，他又接到了四次贬官的诏令，一次比一次贬得低，最后竟被贬至惠州，做小小的建昌军司马去了。

一切都在苏东坡的意料之中。

他坦然地接受了。

他知道，自己这辈子都回不到京城了。

或许也可以说，他这辈子都不用再回京城了。

所以，当他的家人们眼泪汪汪地与他告别，担心他走不完两千多里路的时候，他却哈哈一笑，声称何不把这次流放当成一次长途旅行。

正如他在《过大庾岭》诗中所写："一念失垢污，身心洞清净。浩然天地间，唯我独也正。"

走在流放之路上，他内心清净，气骨浩然，也感觉离陶渊明越来越近了。

不辞长作岭南人：我有荔枝，你有酒吗？

求鱼得鱼，是快乐，意钓忘鱼，就是禅。现代人说，时间应该浪费在美好的事物上，而苏东坡告诉我们，做一切让自己感到快乐的事都不算浪费。

绍圣元年（公元1094年）十月二日，苏东坡历经半年的山川跋涉，终于到达惠州。

这一次，山高路远，生死难料。唐宋时期，岭南还是蛮荒凶险之地，"瘴疠之气横行，圣人之道不彰"，也只有犯下重罪的官员才被流放至此。所以，苏东坡临行前几乎遣散了所有的仆人，只带了朝云和幼子苏过同行。

但苏东坡对惠州的第一印象却是温暖、亲切、诗意和野趣的，犹如重游故梦：

"仿佛曾游在梦中，欣然鸡犬识新丰。吏民惊怪坐何事，父老相携迎此翁……"

"江云漠漠桂花湿，海雨翛翛荔子然。闻道黄柑常抵鹊，不容朱橘更论钱……"

他喜欢这个地方。

官吏和百姓都来迎接他，空气里浮动着桂花甜糯的香息，火红的荔枝饱满地挂在树梢，小孩子们在路边玩闹，喜鹊拍打着翅膀飞向远处。一切都让他感动和欢欣。

苏东坡现在的状况跟黄州时期很相似。

同样是有大片大片空闲的时间，同样穷得叮当响。当地的官员也是对他礼遇有加，惠州太守正巧是黄州太守徐大受的朋友。

初到惠州，太守就请他入住最好的酒店。酒店叫合江楼，靠在栏杆上就能看到青山和江海，风带着南国独有的清凉，午睡时，有成群的乌鸦飞过窗外。

苏东坡对合江楼很满意，他把这种居住体验写在了诗里。但因为他的身份是犯官，凡事都得谨慎低调，半个月后，为了避免落人口实，便带着家人前往对岸的嘉佑寺落脚。

嘉佑寺是个岑寂的野寺，没有鱼鼓，门可罗雀，和黄州的临皋亭一样破败。但即便是山野茅屋，经过苏东坡的修整，也能散发出文人的气息。

不久后，他又在东面辟出一间小屋来，名曰"思无邪斋"，是他精神产物输出的地方，作用等同于黄州的雪堂。

苏东坡有时会穿过思无邪斋，沿着细细的小径去后山漫步，然后一直走到山顶，到松风亭小憩。

有一次，他又往松风亭去，到了半路，却觉得很是疲乏，便想躺下来休息一会儿。但这时离松风亭还有很远的距离，要如何才能爬上去呢?

良久,他笑起来,对自己说:"咦,我为什么不能就在这里休息,为什么非要走到亭子去休息?"

那一刻,他就像挂钩之鱼,忽然得到了解脱,心底茅塞顿开,豁然贯通。

> 江郊葱眬,云水蓨绚。
> 碕岸斗入,洄潭轮转。
> 先生悦之,布席闲燕。
> 初日下照,潜鳞俯见。
> 意钓忘鱼,乐此竿线。
> 优哉悠哉,玩物之变。

——《江郊》

嘉佑寺不远处的江郊有一个盘石小潭,天气好的时候,苏东坡就会去那里垂钓。

不过,他垂钓只是为了享受那个钓的过程。云水之间,晨曦初生,一人一竿,如老僧入定。

求鱼得鱼,是快乐,意钓忘鱼,就是禅。

现代人说,时间应该浪费在美好的事物上,而苏东坡告诉我们,做一切让自己感到快乐的事都不算浪费。

苏东坡酒量不好,但这一点并不影响他因酒所得的快乐。他饮酒，以酒结交朋友，为酒写颂，酒后进行文学创作，读跟酒有关的故事，接受别人赠送的酒，自己依照方子酿酒，或是创造酒，都是生命与酒发生的奇妙联结。

有天惠州太守给苏东坡送来一坛美酒，而他正在读东皋子的传记。

东皋子，即初唐诗人王绩，也是个仕途不顺的人。王绩的酒量大得惊人，一次能饮五斗（苏东坡一次只能饮五杯），隋朝灭亡后，他受聘于唐，只觉得万事索然，唯有三升好酒让人留恋。后来干脆辞官做了隐士，自号"东皋子"，意思有点像"东坡居士"的唐代版本。

另外，王绩字无功，乃是出自庄子的《逍遥游》："至人无己，神人无功，圣人无名。"如此再看，苏东坡深受庄子影响，后来写出的那句"问汝平生功业，黄州惠州儋州"，便不是什么单纯的自嘲之词。

是夜，苏东坡就写了一篇《东皋子传》的读后感，我们也可以从他的饮酒态度中看出他的生活态度。

他感觉自己是世界上酒量最小的人，因为差不多一饮就醉，也是世界上最好酒的人，因为他获得的快乐，一点都不比善饮的人少。

他说世界上最快乐的人，一定是身体无病，心中无忧，而他——"没办法，我刚好就是这种人！"

有人问他："你没有生病却经常存着药，你酒量那么小，却经常酿酒,为什么要这样辛苦自己?"

他笑起来:"生病的人得了我的药,我的身体将变得轻盈,爱酒的人尝了我的酒,我也获得了同等质量的快乐。说到底,我还是为了自己啊。"

是的是的,在惠州,苏东坡又开始酿酒了。

昔日黄州禁酒,他就自酿蜜酒,虽然吃了拉肚子,但他自我感觉良好。后来在定州,他也酿过松花酒。现在到了家家酿酒的岭南,他自然要做更多的尝试。

君不见初到惠州,他就被当地的万户酒迷住了。

他曾与朋友在大云寺的松下野饮,设松花汤,作饮酒词,谈及他新酿的"万家春",一颗心飘逸如仙:"玉粉轻黄千岁药,雪花浮动万家春。醉归江路野梅新。"

绍圣二年五月,他还酿过一种"真一酒",取道家的"众真归一"之意。

拨雪披云得乳泓,蜜蜂又欲醉先生。
稻垂麦仰阴阳足,器洁泉新表裹清。
晓日著颜红有晕,春风入髓散无声。
人间真一东坡老,与作青州从事名。

——《真一酒》

而真一酒酿成后,当呈美玉之色,散发自然清香,与驸马王诜家的"碧玉"绝似。

"真是奇绝奇绝！"他说。

他曾请罗浮山的道士用"真一酒"拜奠天上的神仙。相传那是一个雨夜，设祭时，却突然清风肃然，云气散尽，星月漫天。而祭拜完毕后，天空又阴雨如初。

他也曾与陌生人同饮真一酒，微醺时击节而歌，只见合江楼下，风振水涌，大鱼皆出。美得像是一个梦。

所以他认为，酒是神仙才能享有的美物，也象征着祥瑞。那么一个人酿的酒好，他一定是被上天庇护的人，反之，就是神仙不喜欢的人。

不过在惠州，"桂酒"才是苏东坡真正的得意之作。

他在信中告诉朋友，桂酒新成，是他谪居生涯的一大喜事。而他的桂酒，足以把王诜家的"碧香"比下去，真一酒只是绝似而已。

桂酒的方子是一个隐士告诉他的，酿成之后，酒色荧亮，酒香超然，非人间之物。

他从书中得知，"桂有小毒，而菌桂、牡桂皆无毒，大略皆主温中，利肝肺气，杀三虫，轻身坚骨，养神发色，使常如童子，疗心腹冷疾，为百药先，无所畏。"按照孙思邈的说法，久服之后，可以身轻如燕，涉水而过。

他把酒方刻在罗浮山的铁桥之下，非忘世求道者，非有缘者，不可得之。

苏东坡是一个敬惜生命的人。

对他来说，喝酒可怡情，可忘世，可养生，养生也是一种修行。

而众多的养生之道中，他又最重视吐纳和炼丹。

吐纳术是一个海外的道士教给他的，有点像今天的瑜伽。子由也因此治愈了多年的寒疾。道家认为一个人只要元气足，就会百病不侵。那个道士还曾给先天不足的苏迨治过病，苏东坡看着他将气布入苏迨腹中，按摩肚脐，日后，苏迨果然体格健壮，邪不入体。

> 每夜以子后披衣起，面东或南，盘足叩齿三十六通。握固闭息，内观五脏，肺白肝青脾黄心赤肾黑。次想心为赤火，光明洞彻，下入丹田中。待腹满气极，即徐出气，候出入均调，即以舌接唇齿，内外漱炼津液，未得咽。复前法闭息内观。纳心丹田，调息漱津，皆依前法。如此者三。津液满口，即低头咽下，以气送入丹田。须用意精猛，令津与气谷谷然有声。径入丹田，又依前法为之。凡九闭息三咽津而止。然后以左右手热摩两脚心，及脐下腰脊间，皆令热彻。次以两手摩熨眼面耳项，皆令极热。仍案捏鼻梁左右五七下。梳头百余梳而卧，熟寝至明。
>
> ——《上张安道养生诀论》

如上所述，在惠州，苏东坡依然每天都会坚持吐纳。吐纳是贮藏元气的方法，也是清空情感积郁的过程。情感与健康一直都是密不可分的。如果想要身体和心灵达到和谐默契的状态，那么心灵就不可以成为身体的负累，在情绪上，就要戒骄戒躁，内心要清净安宁，不要让过多的负面情绪成为身体的内耗。

炼丹则比吐纳要复杂得多。

但苏东坡听说炼丹与吐纳更配，而且他现在有的是时间。

思无邪斋落成后，他便托人从广州买来炼丹的工具，比如丹炉、松脂、硫黄等。

他将一部分的炼丹方法记在了日记里。

一种是"阳丹"，需要禁欲、斋戒。冬至过后，当口水变得甘甜，就咽下去直到丹田。找三十件瓷器，在其中小便，再盖上盖子，标记好，放到干净的房间里。三十天后打开，取瓷器中凝结得像浮蚁一样的细砂用手帕过滤，放到干净的瓷瓶中，一直存放到夏至，便可将细砂取出，和枣泥一起研磨，搓成梧桐子大小的丹丸，空腹和酒吞下。夏至过后，则可以用同样的方法，将丹丸保存到冬至服用。

另一种是"阴丹"，需要用到头胎诞下男婴的妇人的乳汁等物，以慢火熬煮制成。不过他奉劝不修道的人不要轻易尝试。

至于这些费尽心思炼出来的丹，他却对朋友说，自己是断然不敢吃的。

也有人疑心他偷偷吃过——丹药性情燥热，要不他怎么老患红眼病、疥疮、痔疮呢？

或许，又只是因为吃太多荔枝的关系？

要知道苏东坡对荔枝的热爱可是有目共睹，在诗中，他就曾称赞荔枝是水果中的尤物，是吃过一次就毕生难忘的倾城美味。后来有了房子，他第一件事就是在院子里栽满荔枝树。

"一骑红尘妃子笑，无人知是荔枝来。"现在，在惠州，只要是荔枝上市的季节，苏东坡天天都可以享受杨贵妃的待遇，躺在思无邪斋里，写诗，吃荔枝，简直乐不思蜀。

罗浮山下四时春，卢橘杨梅次第新。
日啖荔枝三百颗，不辞长作岭南人。

——《食荔枝》

不辞长作岭南人，当然，荔枝只是原因之一。

但也可以看出，在惠州，苏东坡是真的收获了很多快乐。

就像他说的，可以酿出绝世美酒的人，一定是上天喜欢的人，所以，岭南才会对他这般温柔以待。

有一年春日，苏东坡与友人同游白水山佛迹岩，沐浴于汤泉，散发于悬瀑之下，一路浩歌而行，不亦乐乎。不知不觉竟到了荔枝浦上。是时晚霞漫天，竹影萧然，满树荔枝鲜艳欲滴。有八十五的父老笑眯眯地指着荔枝树对苏东坡说："我有荔枝，你有酒吗？"（及是可食，公能携酒来游乎？）

苏东坡欣然应允。

是夜游玩归来,在思无邪斋,他给老友陈季常回信,信末写道:"自山中归来,灯下裁答,信笔而书,纸尽而已。"

这句话仿佛可以看到苏东坡的神魂,如灯下的剪影,孤瘦而宁谧。

这个片段也可以当成他岭南岁月的注脚,温柔而洒脱。

毕竟,人间悲苦太稠太多,乐天是他的天赋,是他的性情,是他的能力,也是他经过灵魂的反复淬炼,智慧、感知和想象力的结合物,只要沾染一点温情的引子,便可以将生活化腐朽为珍馐。

朝云去后,再不听《蝶恋花》

遗憾的是,苏东坡与朝云惺惺相惜,也心心相印,但随着朝云的离世,他们之间那种明月照大江的疏朗,便成了冷月葬花魂的凄凉。

绍圣二年(公元1095年)春,苏东坡即将见到一位特别的故人。

那就是他的表哥兼姐夫程之才。

童年能几时,鬓发各已苍,这一年,他们之间不见已四十二载。曾经,因为姐姐八娘的离世,苏家跟程家决裂,这对表兄弟也各自天涯,再不往来。

现在，因为章惇想继续打击苏东坡，便利用这段怨隙，派遣程之才巡按广州。按照章惇的想法，只要程之才愿意，随时可以对苏东坡公报私仇。

而那段沉痛的往事，本是苏东坡与章惇交好时，剖开肺腑指给他看的软肋，没想到，如今竟成了他处心积虑想要击中的靶心。

可惜章惇失算了。

程之才到广州后即令人送了一封信给苏东坡，暗示修好之意。苏东坡赶紧回了一封信过去，约他来惠州见面，并称倘若能够与之一见，就是余生的幸运：

知车骑不久东按，倘获一见，慰幸可量。

昔日以三十年为一世，今吾老兄弟不相从四十二年矣。念此令人凄断，不知兄果能为弟一来否？

数十年倏尔远逝，诚觉万事皆可轻放。

经历过世事的磨砺，岁月的淘漉，对于程之才，苏东坡的心里早已没有了怨恨，有的只是那灿若金沙的童年过往和乡音亲情。

更何况，岭南空气温润，人心也会变得柔软，而且聪明大气如东坡，既然"人生如逆旅，我亦是行人"，那么又岂能带着前嫌上路呢？

另外，尽管苏东坡不愿卷入朝廷的政治纷争，但他心底为民谋福的热情却从未熄灭。

比如初来惠州，为了帮乡邻治疗瘴毒，他就四处托人买药，然后制药布施。为了让农民提高耕种效率，他又亲力亲为在田间推广插秧工具——黄州"秧马"。

比如现在，与程之才的久别重逢，兄弟情笃，又可以成为行施水利，惠及乡民的桥梁。

在程之才的帮助下，苏东坡先后在惠州悄悄主持修建了两座桥梁，还有一座无名冢——用来安葬无名枯骨，还为农民撤换了当地腐败的税吏。

他的热心与智慧更是惠及广州。

当时广州在春夏之交经常发生瘟疫，他便托程之才之口，令广州太守建立公立医院。他得知瘟疫的源头正是饮水问题之后，又给太守写了一封密信，为广州设计了一套引山泉入城的自来水系统，也是有史以来的第一套自来水系统。

惟蒲涧山有滴水岩，水所从来高，可引入城，盖二十里以下耳。若于岩下作大石槽，以五管大竹续处，以麻绳、漆涂之，随地高下，直入城中。又为一大石槽以受之。又以五管分引、散流，城中为小石槽，以便汲者。不过用大竹万余竿，及二十里间，用葵茅苫盖，大约不过费数百千可成。

他预计工程要用一万根大竹，费用大概是不超过一千贯。并建议在每根竹竿上钻一个绿豆大的小孔，然后用竹针塞住。因为日后万一堵塞，便只需要拔掉竹针检查更换，不必累及整个系统。

就连购置竹管、更换管道以及养护工程的费用，他都想好了来处，说是可以出租珠江上游的良田和城中的公屋。

至于做这一切，为什么要"悄悄""密信""暗地里"……则是因为苏东坡明白自己的处境，他是当政者的眼中钉，一个不准签署公事的犯官，为了不被人逮住把柄，也为了不连累地方官，就必须假借他人之手，以免横生枝节。

而这时，一些从京中传来的消息，譬如皇帝祭祖之后，照例要大赦天下，但大赦时并未提及任何元祐党人，显然已经让苏东坡做好了在惠州定居的打算。

他在信中告诉朋友"已绝北归之望""然心中甚安之"。

另一封信中，他说："某既缘此绝弃世故，身心俱安，而小儿亦遂超然物外，非此父不生此子也。呵呵……南北去住定有命，此心亦不念归，明年买田筑室，作惠州人矣。"

既然北归无望，不如随遇而安，买田终老，修建房屋，顺应天命。不过苏过小小年纪，竟能超然物外，还是让他觉得惊喜又欣慰。

还有朝云。她伴苏东坡十余年南北奔波，山长水阔，却一直宠辱不惊，安之若素，也是可贵，可佩。

有一天，苏东坡读白居易的诗，想起白居易年老落魄时，家中爱妾散尽的凄凉，便愈发珍视朝云的超凡脱俗，于是写诗赞道：

不似杨枝别乐天，恰如通德伴伶元。
阿奴络秀不同老，天女维摩总解禅。
经卷药炉新活计，舞衫歌板旧姻缘。
丹成逐我三山去，不作巫山云雨仙。

——《朝云》

他感叹朝云不离不弃的坚贞，也为朝云失去孩子而心生怅憾。他觉得朝云不似人间的女子，而是九霄之外的天女，她来到尘世，伴他参禅、炼丹，一旦丹药所成，她就会与他了断尘缘。

接着又写了一首小词相赠：

白发苍颜，正是维摩境界。空方丈、散花何碍。朱唇箸点，更髻鬟生彩。这些个，千生万生只在。
好事心肠，著人情态。闲窗下、敛云凝黛。明朝端午，待学纫兰为佩。寻一首好诗，要书裙带。

——《殢人娇·赠朝云》

《维摩经·观众生品》中记载："时维摩诘室有一天女，见诸大人闻所说说法，便现其身，即以天华散诸菩萨、大弟子上，华至诸菩萨即皆堕落,至大弟子便著不堕。一切弟子神力去华,不能令去……"

按照经书所述,天女抛撒花瓣,只有心中无杂念的人才能花瓣不附身,修得菩提。而苏东坡把朝云比作天女,把自己比作维摩诘,进一步表明朝云的忠贞、美丽、坚韧、高雅和他的清净自持,也自认为修炼到了片叶不沾身的境界,无忧无怖,便无挂无碍。

当然,这也可能是他在坚持禁欲的时候,给朝云的一种神圣又浪漫的安慰。

又一个秋日,苏东坡与朝云在院子里闲坐,但见草木萧然,燕子回归,一时心有感触,便置酒抚琴,并央朝云唱一曲《蝶恋花》:

花褪残红青杏小。燕子飞时,绿水人家绕。枝上柳绵吹又少,天涯何处无芳草。

墙里秋千墙外道。墙外行人,墙里佳人笑。笑渐不闻声渐悄,多情却被无情恼。

——《蝶恋花·春景》

然而不知何故,朝云才唱两句,便忍不住落泪哽咽,声称:"'枝上柳绵吹又少,天涯何处无芳草',此两句太过悲戚,奴不能歌也。"

苏东坡明白朝云是感叹她的夫君暮年漂泊，也是感叹世间好物不固，时光易逝，遂佯作大笑哄朝云展颜："你看，我正悲秋，你怎么伤起春来了呢？"

实际上，他却是暗自心惊，恐是不祥之兆。

怎料一曲成谶。绍圣三年（公元1096年）七月，朝云因病离世，年仅三十四岁。

苏东坡寻遍药方，日夜祈祷，也没能留住她。

八月，苏东坡将朝云葬在惠州西湖的栖禅寺下，让她的香魂沐浴佛音与松风，早升极乐。并写下墓志铭以表感念：

东坡先生侍妾曰朝云，字子霞，姓王氏，钱塘人。敏而好义，侍先生二十有三年，忠敬若一。绍圣三年七月壬辰，卒于惠州，年三十四。八月庚申，葬之丰湖之上，栖禅山东南。生子遁，未期而夭。盖尝从比丘尼义冲学佛法。亦粗识大意。且死，诵《金刚经》四句偈以绝。铭曰："浮屠是瞻，伽蓝是依，如汝宿心，惟佛止归。"

朝云生前是佛教徒，故后也给世人留下了一缕佛教的神秘色彩。

她下葬后第三日，惠州经历了一场狂风暴雨。翌日清晨，苏东坡带着苏过前去查看墓地，竟发现墓的东南侧有五个巨人脚印，宛如佛迹光临。

苏东坡不由想起朝云弥留之际亦双目清明,身上若有光芒笼罩,口诵《金刚经》而去:"一切有为法,如梦幻泡影,如露亦如电,应作如是观。"

他便愈发相信,朝云本是天女,是佛祖不忍她在人世受苦,就带着她去了西方的极乐世界。

如此,他又在朝云墓前设道场,为之祭奠,并写下《惠州荐朝云疏》,求饶恕自己触犯神祇的罪过,然后拜托佛祖好好照顾朝云以及朝云爱过的草木湖山:

是知佛慈之广大,不择众生之细微。敢荐丹诚,躬修法会。伏愿山中一草一木,皆被佛光;今夜少香少花,遍周世界。湖山安吉,坟墓永坚。

是年十月,苏东坡去栖禅寺下看梅花,写下这阕词。

玉骨那愁瘴雾,冰肌自有仙风。海仙时过探芳丛,倒挂绿毛幺凤。素面常嫌粉涴,洗妆不褪唇红。高情已逐晓云空,不与梨花同梦。

——《西江月·梅花》

这一阕词,也是他写给朝云的信。

《大日经疏》中说,"花者,是从慈悲主义,即此净心净种子于大悲胎藏中,万行开敷,庄严佛菩提树,故说为花。"梅花玉骨冰肌,宝相庄严,慈悲美丽,让他想到朝云。

他站在花树下，只觉人生宛如一梦。

他的生命中曾有过她，又仿佛从未拥有过她。

而梅花年年可相会，天地唯此一朝云。

述及朝云，另一位妙女子亦令人不能忘，那就是沈复的妻子兼红颜知己芸娘。

不知道林语堂先生说芸娘是中国文学史上最可爱的女人时，有没有联想到朝云？

芸娘的生活美学和兰心蕙质点亮了沈复平淡朴素的一生，而朝云的陪伴，也让苏东坡枯燥的谪居生活变得更有趣，更多维，更饱满，从而有了香气、肌理与温度。

她们都是一样的玲珑娇美，眉眼如月，也都是一样得遇良人，情深不寿。

曾经，朝云为《蝶恋花》而哭泣，数百年后，芸娘也不喜欢听悲戚的剧目。

想来深情之人最懂得情字里的苦和难，而性情粗糙的人自然不明白这等女子心底百转千回的绵软情怀。

遗憾的是，苏东坡与朝云惺惺相惜，也心心相印，但随着朝云的离世，他们之间那种明月照大江的清朗，便成了冷月葬花魂的凄凉。

"人似秋鸿来有信，事如春梦了无痕。"芸娘故去后，沈复念及苏东坡的诗句，在飘零晚景中为她写下《浮生六记》，记录往昔的闺阁时光,宛如重蹈春梦,书一纸来世的盟约。

朝云去世后,苏东坡再也没有纳妾,而是独弹古调,把余生的相思都给了她一人,终生不复听《蝶恋花》,并写下:

不合时宜,唯有朝云能识我。独弹古调,每逢暮雨倍思卿。

在海南:戴椰子帽,煎茶,制墨,食牡蛎

既然已经将生死荣辱一眼看开,那么接下来的每一天都是赚来的,眼前的困境与烦忧,也不过是宇宙间的一枚芥子,一粒微尘,不足道也,又何以为惧呢?

绍圣四年(公元1097年)的春天,苏东坡在白鹤峰的新屋落成了。

从买地到设计,再从修建到入住,这数间新屋,历时一年,花掉了他全部的积蓄。现在,他终于可以在这里重建生活,开启南国的山居岁月。

他在门前种植了许多荔枝树和橘树。正值花开季节,橘子花的香气在山风中静静弥漫,足以安抚异乡人的心魄。荔枝的果实则已斑斓墙头,点缀着满院葱茏。透过他书房里的大窗,就可以欣赏到百里之外的秀美山河。

而苏迈也即将带着家人过来与他团聚。

到了午后,他便可以卷起草帘,斜倚在卧榻上,用一缕斜阳重温琉璃旧梦,或翻看书信,在脑海中临摹孙儿可爱的脸庞。

这个时候的他,只是从未想过,自己又要尽快离开惠州。

白头萧散满霜风,小阁藤床寄病容。
报道先生春睡美,道人轻打五更钟。

——《纵笔》

这一次,又是因为写诗。但若不能写诗,长寿又是不是一种折磨呢?

苏东坡没想到,他的这首小诗传到京城后,一句"春睡美"竟也能惹出事端。章惇告诉他的党羽们,苏东坡过得很悠哉嘛!如此看来,惠州还不够苦啊……那就再贬儋州吧。

是年七月初二,苏东坡带着苏过抵达儋州贬所。

儋州位于海南岛的西北部,四面环水,荒凉凄苦,人烟萧条,环境极为恶劣。据《儋县志》所记,这里"地极炎热,而海风苦寒。山中多雨多雾,林木阴翳,燥湿之气不能远,蒸而为云,停而为水,莫不有毒……风之寒者,侵入肌窍;气之浊者,吸入口鼻;水之毒者,灌于胸腹肺腑,其不死者几稀矣。"

换言之,此前被贬到儋州来的犯官,几乎无人生还。

所以，苏东坡是带着棺材上路的。

独立海岛之上，四顾水天，茫茫无着，他终于体会到了那种沧海一粟的感觉。

他告诉自己，既然已经将生死荣辱一眼看开，那么接下来的每一天都是赚来的，眼前的困境与烦忧，也不过是宇宙间的一枚芥子，一粒微尘，不足道也，又何以为惧呢？

刚到儋州时，父子俩寄居在一间破烂的官舍里，举目而望，四壁皆空，百物皆无，"食无肉，病无药，居无室，出无友，冬无炭，夏无寒泉……"且不说饿死，病死，能躲过自然灾害，不被孤独吞没，就已经很不容易了。

但苏东坡的可贵之处就在于，他不仅走出了物质的困境，还守护好了自己的精神世界。

七月炎热，苏东坡便"杜门默坐，以书自怡"。离开惠州时，他带了一本《陶渊明集》和柳宗元的几册书，然后给亲友写信，将最新的诗词寄往对岸。

加缪曾说："一个人只要学会了回忆，就再不会孤独，哪怕只在世上生活一日，你也能毫无困难地凭回忆在囚牢中独处百年。"

而一个人只要还没有停止写诗作赋，没有停止开玩笑，即便身处孤岛，他的生活也不会变成荒漠。

五日一见花猪肉,十日一遇黄鸡粥。

土人顿顿食署芋,荐以薰鼠烧蝙蝠。

旧闻蜜唧尝呕吐,稍近虾蟆缘习俗。

十年京国厌肥羜,日日蒸花压红玉。

——摘自《闻子由瘦,儋耳至难得肉食》

来儋州后,苏东坡瘦了许多。

有天他听说子由也瘦了,马上写诗寄到对岸的雷州,告诉弟弟儋州的饮食有多么单调和"奇葩"。

对了,他的确将荣辱皆忘了,但从未将美食忘怀。

他说,以前吃花猪肉,吃黄鸡粥,吃小肥羊,咱们都吃腻了不是?(真的不是吹牛吗?)子由你是不知道啊,这里的土著天天吃芋头,还推荐我吃烤老鼠、烧蝙蝠、用蜂蜜腌渍的老鼠胎盘(蜜唧),我从前对河虾、蛤蟆之类的都只敢小小尝试一下的啊!不行不行,我要吐了。

回忆了一下,吐槽了一番,他又不忘开起子由的玩笑来,说远离美食也有一点好处,那就是:"海康别驾复何为,帽宽带落惊僮仆。相看会作两臞仙,还乡定可骑黄鹄。"(再这样瘦下去的话,要是哪天突然被赦了,我们就可以骑着黄鹤回家乡了!)

如此,因为太穷,肉食类的山珍海味已成天上浮云,苏东坡便发明了一道菜羹,将蔓菁(大头菜)、芦菔(萝卜)、苦荠同煮，不放任何调料（估计买不起），当水开时，再放入米和豆子一起搅匀，保持大火，直至酥烂，然后就可以享受它们融于一体的自然之味了。又因为他每天都在吃，觉得很有必要赞美一下这道美食：

嗟余生之褊迫，如脱兔其何因。
殷诗肠之转雷，聊御饿而食陈。
无刍豢以适口，荷邻蔬之见分。
汲幽泉以揉濯，搏露叶与琼根。
爨鉶錡以膏油，泫融液而流津。

——《菜羹赋》

他感叹道：在此之前，我的生活真是太窘迫了啊，我就像一只兔子一样被赶来赶去，肚子饿得像打雷，只好用陈米来充饥。感谢我的好邻居，分给我一些蔬菜，给了我制作菜羹的灵感。我汲取山泉，将那菜叶洗得就像美玉一样，然后点火上灶，放入膏油，热汤翻滚，如松风呼呼穿过耳朵，满屋子都是鲜美的气味……好了，别说了，我的口水已经流出来了。

不过苏东坡很快就发现了牡蛎——天下竟有如此美味之物！

莎士比亚曾写过一句话——"世界是我的牡蛎"，身为老饕，苏东坡食牡蛎，就像用味蕾叩开了一个新的世界。他至死忘不了牡蛎的美味，忘不了那种可绕舌三日的魅力。

要如何感谢第一次撬开牡蛎外壳的人呢？他只能多吃为敬了。然后再写信给惠州的家人："无令中朝士大夫知，恐争谋南徙，以分此味……"（牡蛎太好吃了，你们可千万别让京城的那帮人知道了啊，我怕到时候他们要争着南下，来跟我抢。）

苏东坡也经历过吃阳光过活的艰苦日子。

元符二年（公元1099年）冬天，儋州米价上涨，他已经断粮几天了，便决定和苏过一起试试辟谷之术。

他曾听说有人被困深井之中，看到青蛙和蛇每天黎明都会仰面吞食朝阳，那人饿极了，也模仿青蛙和蛇的动作，居然真的止住了饥饿，后来获救也不知饥饿的滋味。

但他们应该没有辟谷成功，只不过是熬过了那段断粮的时日，要不然，他们又哪能知道椰子的甘甜呢？

有一天，苏东坡和苏过在树下敲椰子吃。

他们靠在树干上，被阳光包围着，就像两颗种子躺在果实的内部，舒适又有安全感。他们之前没有吃过椰子，觉得椰子就是树上结的酒，是清甜又不醉人的佳酿。

吃完椰子后，苏过又突发奇想，做了一顶椰子帽在手中把玩，怎料他的老父亲竟喜欢得很，当即就将椰子帽戴在头上，并想着这么好玩的椰子帽，一定要给子由寄一个。

于是，在很多个的清晨、黄昏和夜晚，苏东坡就那样戴着他的椰子帽招摇过市，穿行乡里，惹得当地的百姓哈哈大笑。（真像他的祖父啊。）小孩子们吹着葱叶唱歌，他也会跟着唱。他采来草药送给乡邻治病，把苍耳做成药粉，告诉妇人们，长期食用可以美白皮肤。有七十岁的老妪说他曾经高官厚禄的日子已经成了一场春梦，他就佯装生气，大声喊人家"春梦婆"。

现在看起来，苏东坡已经完全适应了岛上的生活，何况新来的县令张中又给他捎来了书和茶叶。

张中是个好人，他仰慕苏东坡的才华，一到儋州便令人给苏东坡修理了官舍，还经常来找苏过下棋。

至于苏东坡，他棋艺很烂，所以，就只有站在一旁看的份了。

可惜张中后来因为帮助苏东坡，被章惇的手下董必免职，那可能是苏东坡唯一动怒的一次，他为张中的遭遇而大骂董必是鳖相公。

苏东坡也随之被赶出了官舍。

他曾教过当地一些年轻人写诗，那些人就来帮他盖房子。在城南的桄榔树林里，他们为老师搭建了几间小茅屋。苏东坡很满意他的新居，将其起命名为"桄榔庵"。

有时候，他早上起床，就会发现门口的桄榔树下放着礼物，一小罐牡蛎，或是一块用蕉叶包裹的新鲜鹿肉。

据说有次苏东坡和朋友在家里设灶制墨，没想到半夜失火，"桄榔庵"险些化为灰烬。第二天清晨，他在余烬里觅得几两松煤，又用牛皮胶和起来，终于制成了手指大小的墨锭，便兴奋地将其称之为"海南松煤东坡法墨"。

不过苏东坡不知道，二十年后，当年与他一起制墨的人已经做起了生意，只要声称哪一种墨是东坡亲传的制墨秘方，立马就会被抢售一空。

活水还须活火烹，自临钓石取深清。
大瓢贮月归春瓮，小杓分江入夜瓶。
雪乳已翻煎处脚，松风忽作泻时声。
枯肠未易禁三碗，坐听荒城长短更。

——《汲江煎茶》

苏东坡酒量不好，棋艺也上不了台面，但煎茶，他却是个行家。

在儋州，煎茶是他生活美学的一部分，一瓯茶，即可撑起一个精神的苍穹。

安定下来之后，他写了好几首跟茶有关的诗，每一首都是佳作，其中精致的古意与淡然的境界，至今还在被茶人们推崇和效仿。

而就在苏东坡再次以为，此生会在儋州终老的时候，朝廷的局势又变了。

元符三年（公元1100年）正月，哲宗驾崩，因为没有子嗣，由其弟端王赵佶继位，向太后垂帘听政，二月即大赦天下，解元祐大臣之危。

五月,诏令到达海南,苏东坡被调往广西廉州。

百姓们都来桄榔庵与他践行,手里拎着他喜欢吃的美食。

他百感交集,含泪写诗作别:

我本海南民,寄生西蜀州。
忽然跨海去,譬如事远游。

——《别海南黎民表》

讽刺的是,当年一心想置他于死地的章惇,后来也被贬到了雷州,离儋州仅一水之隔。

章惇在雷州想找个房子住,当地的百姓便说:"以前苏先生到这里来租房子,章丞相差点拆了我们的家,现在哪里还敢出租呢?"

果然啊,那句话怎么说来着,上帝的磨盘转得很慢,但也转得很细。

天真不泯,诚觉世事尽可原谅

他是个永远对生活一往情深的人。所以,命运可击打他,但不能折损他。命运推他入深谷,而他自有苍穹。

苏东坡是元符三年（公元1100年）六月渡海北归的。

他乘坐的是一艘夜航之船，是夜的琼州海峡，清风拂面，明河在天，碧波朗朗，似是吉兆。

不过苏东坡不知道，自己的好运气能持续多久，毕竟政风多变，天子还未亲政。

章惇曾以一句"端王轻佻，不可君天下"断送了相位，但苏东坡相信他的话，因为内心狠辣的人，目光也必定狠辣。

渡海之后，苏东坡与同在岭南的秦观匆匆见了一面。

只是宦途相见如参商，这对多年未见的师友也有着太多的身不由己，很快就要各赴前路。

秦观很伤感，他在词中写道："南来飞燕北归鸿，偶相逢，惨愁容。绿鬓朱颜，重见两衰翁。别后悠悠君莫问，无限事，不言中。"

岁月真是不饶人，曾经美如冠玉的"山抹微云君"也老了，与苏东坡分开时，他站在盛夏的烈日之下，却是满襟秋寒，仿佛预知了自身的命运。

一个多月后，秦观在藤州游光华亭时，口渴想要喝水，等仆人将水送到，他竟闭目而去，年仅五十二岁。他一生坎坷，心事凄凉，或许与岁月、病痛都无关，夺去他性命的，正是外放的孤独、仕途的失意以及他骨子里不断渗出来的哀婉与幽冷。

当时,苏东坡正在廉州贬所,一朝重逢成永别,他听闻秦观去世的消息,好些天都食不下咽。

八月,苏东坡收到一道诏令,朝廷要把他调去永州。然而就在前往永州的路上,又一道新诏令下来了:"复朝奉郎,提举成都府玉局观,外军州任便居住。"

对于满身风雨的苏东坡来说,这真是一个好消息,他自由了。

而在此之前,子由也收到了差不多的诏令,便带着家人去了许昌定居。

"嗟余寡兄弟,四海一子由",苏东坡非常高兴,他终于可以践行那个"风雨对床"的约定了。他想着,在广州与家人汇合之后,就立刻去跟子由做邻居。

建中靖国元年(公元1101年)早春,大庾岭。

七年前,苏东坡曾越过此岭,到达生死茫茫的南国,如今,重历旧地,曹溪的泉水依旧甘甜清洌,岭上的古木依旧翠绿幽深,云雾依旧在山顶缭绕,鸟鸣依旧滴滴答答落在野花上,他竟如同南柯太守刚从大槐树边醒来。

七年来往我何堪,又试曹溪一勺甘。
梦里似曾迁海外,醉中不觉到江南。

——《过岭》

七年一梦，烟雨平生，那一刻，他心底的风霜仿佛也可以轻轻拂去。

　　到达虔州，赣水正逢枯水期，苏东坡一家数十口便只能在江边暂居下来，等待雨季通航。

　　在这两个多月的时间里，苏东坡算是真正提前享受了梦寐以求的退休岁月，日子过得非常悠哉。

　　当时城里有一场瘟疫，苏东坡就免费去给当地的百姓看病，他觉得是一种快乐。但很快有人认出他来，大家纷纷跟他讨要墨宝，他也从来不会拒绝。

　　不久后，他还在虔州遇到了曾经的元祐同事刘安世。

　　刘安世，字器之，是一名刚正的谏官，平生不苟言笑，际遇与苏东坡相似，一遭流放，便是七年。这次北返，他一见到苏东坡就忍不住感叹道："浮华豪习尽去，非昔日子瞻也。"

　　苏东坡哈哈一笑："器之依然铁石人也。"

　　苏东坡还喜欢访寺，喜欢去深山听禅，但刘安世虽喜欢听禅，却不爱游山。

　　有一天，苏东坡想与刘安世结伴同游，便告诉刘安世，山中来了一位玉版长老："器之，好天气，宜参禅，要不要一起呀？"

　　刘安世果然肯出门了。

　　他们来到山中，正逢一大片竹笋破土而出。苏东坡提议，就地采笋，野餐一顿再赶路。于是两人便席地而坐，烤笋烹茶。

良久，满口生香的刘安世问苏东坡："咦，这笋叫什么名字，吃起来真是特别美味呢。"

苏东坡说："他的名字叫玉版啊。"

刘安世说："这么巧，与我们今天要见的长老同名！"

苏东坡说："对啊，玉版长老善说法要，最是解'禅'（馋）嘛！"

然后又吟出一首诗来：

丛林真百丈，法嗣有横枝。
不怕石头路，来参玉版师。
聊凭柏树子，与问箨龙儿。
瓦砾犹能说，此君那不知。

——《器之好谈禅，不喜游山，山中笋出，戏语器之可同参玉版长老，作此诗》

刘安世恍然大悟，不禁笑着说："哎呀，我看错了，你分明还是从前的苏子瞻啊！"

可见，时间虽然能够移山倒海，但有些人骨子里的趣味，内心里的格局，性情里的旷达，都不会改变。

"浮云世事改，孤月此心明。"所谓洞穿世事，天真不泯，苏东坡正是如此。

是年三月下旬，苏东坡与刘安世各自带着家眷，同船离开虔州。

五月一日，苏家人抵达金陵。

但就在这个春天，被称之为"宋代三大贤后"之一的向太后去世了，徽宗已正式亲政，宰相也换成了曾布。曾布为人阴险，素来与元祐党人相忌，又觊觎相位多年，在章惇失势的时候，曾极力排挤，翻出旧账，落井下石。

这样的人，显然比章惇更可怕。

而朝堂风向的转变，也改变了苏东坡前去与子由相会的计划。

他觉得是上天想让他们兄弟分开。而且，他实在不想再卷入京城的是非，或者说，他已经嗅到了危险的味道。

在写给子由的信中，他说："颇闻北方事，有决不可往颍昌（许昌）近地居者。事皆可信，人所报，大抵相忌，安排攻击者众。北行渐近，绝不静尔。"

还有一点，他不想累及亲友，尤其是子由。之前秦观的死，带给了他很大的精神冲击，他想如果秦观不是他的门人，以他的才华与个性，仕途应该会平顺许多，便不至于郁郁而终。

所以，他决定远离京师（包括与京师相邻的许昌），先到常州落脚，想着在那里还有几亩薄田，只要勤以耕种，平安度日完全没问题。如此，苏迈和苏迨便先去常州租屋打点，待家务安排妥当后，再来真州（江苏仪征）相迎家人。

在真州时，苏东坡还与朋友去了一趟金山寺，并在李公麟所画的苏东坡画像上题了一首诗：

> 心似已灰之木，身如不系之舟。
> 问汝平生功业，黄州惠州儋州。
>
> ——《自题金山画像》

这首诗是苏东坡留在世间的不朽之作，有少年的性情，也有老僧的境界。

从这首诗也可以看出，他对仕途失望过，但从未对生活失望过。黄州惠州儋州，都是被他的仕途抛弃的地方，但他落进了生活的内核。

他是个永远对生活一往情深的人。

所以，命运可击打他，但不能折损他。

命运推他入深谷，而他自有苍穹。

这时，让苏东坡"功成"惠州和儋州的章惇却被流放雷州。

苏东坡突然有些难过。

又不知道自己在难过些什么，或许是为了年轻时的同窗之情、同僚之义和那些肝胆相照的时刻，或许是为了曾经他入狱乌台时，章惇在皇帝面前的公正之言，或许是为了他不能及的章惇的心气、刚狠和想要出人头地的不易。

他写信给章惇的外甥黄寔（黄寔也是子由的亲家）："子厚得雷，闻之惊叹弥日。海康地虽远，无瘴疠，舍弟居之一年，甚安稳。

望以此开譬太夫人也。"

他说雷州没有瘴疠，子由在那里住了一年，一切平安，希望黄寔可以多多开解和安慰他的母亲，也就是章惇的姐姐。

不久后，苏东坡又收到了章惇的儿子章援写来的信，洋洋千言，情意恳切，请求苏东坡可以原谅他的父亲，因为当时有传言说，苏东坡即将回朝担任宰相。

苏东坡读到信后，竟十分欣喜。

只不过，他欣喜的是："真是好文采啊！这文笔，都足以比肩司马迁了……不愧是我苏东坡的学生。"

他好像忘记了，他的这个学生，曾经在他的父亲迫害他的老师时，从未发过一言，也从未为老师写过只字片语。

但苏东坡很快回信了：

> 伏读来教，感叹不已。某与丞相定交四十余年，虽中间出处稍异，交情固无增损也。闻其高年寄迹海隅，此怀可知。但以往者更说何益，惟论其未然者而已。主上至仁至信，草木豚鱼可知……又丞相知养内外丹久矣，所以未成者，正坐大用故也。今兹闲放，正宜成此，然可自内养丹，切不可外服物也。某在海外，曾作《续养生论》一首，甚愿写寄，病困未能，到毗陵定叠检获，当录呈也。所云穆卜，反究绎，必是误听，纷纷见及已多矣，得安此行为幸，幸更徐听其审……

他告诉章援，他不仅不会报仇，还要给章惇寄去养生的秘方。

章援收到信后，惭愧至极，并将这封信视若珍宝，传于子孙。很多年后，还有人在章家后人的府中见到过苏东坡的这封回信，据说信后正是苏东坡自作的养生药方,而章家也一直将这封信当成传家之物,只有贵客才能有缘目睹苏公笔下溢出的气度与风流。

而这个时候苏东坡给章援回信的落款日期是六月十四,据他离世的时间,已经不到两个月。

在信中他也有对章援透露自己的病情,估计是为了进一步宽慰其心:

又见今病状,死生未可必,自半月来,日食米不半合,见食即先饱,今且归毗陵,聊自憩,此我里,庶几且少休,不即死。书至此,困惫,放笔,太息而已。

说到底,章援还是看错,也看轻他的老师了。

苏东坡不是章惇,不会挟私报复谁,更不会嫉恨谁。甚至可以说,苏东坡从未记恨过章惇。多年前,他可以与王安石一笑泯恩仇,现在,他自然也可以将七年的流放生涯披沙拣金,然后对着那些坎坷的流沙,一笑而过。

至于那个说他就要去做宰相的传言,苏东坡觉得太搞笑了,搞笑得都有些伤人了。

怎么说呢,就算他依旧健朗如初,青云不坠,如今奸人当道的朝堂,还真心配不上他苏东坡。

苏东坡是在真州生病的。

六月炎夏，每天烈日当空，吃住都在船上，河水也污秽不堪，日夜熏蒸，加之蚊子如雷，通宵难眠，"通旦不交睫，端坐饱蚊子耳"，他又经历万里舟车，身心劳顿不堪，便患了痢疾。

六月初四，苏东坡病倒的第二天，他粒米未进，只让家人去买黄芪，他认为自己只需吃些黄芪来补气固表。

吃完黄芪后，苏东坡感觉好多了。

但接着他又染上了瘴毒，持续腹泻，肠胃功能完全紊乱了，渐渐便不能起身。

当时在真州逗留的米芾得知他生病，马上顶着大太阳来看他，还带来了一种用麦门冬熬制的药汤。

苏东坡感动极了，遂写诗记录：

一枕清风直万钱，无人肯买北窗眠。
开心暖胃门冬饮，知是东坡手自煎。
——《睡起闻米元章冒热到东园送麦门冬饮子》

六月十二日，苏东坡病情稍稳定，便告别米芾，继续前行，渡江循运河去常州。

他躺在船舱里，非常虚弱，身穿一件小褂，消瘦的手臂露在外面。看到运河两岸的百姓热情地向他打招呼，便坐起身来微笑致意："这样的厚意，真是折杀我苏东坡了。"

三天后，苏东坡到达常州，相交多年的老朋友钱济明来接他，并为他租好了房子。

苏东坡见到钱济明便说："我在海南时，已经完成了《易传》《书传》《论语说》三部书稿，现在托付给你，还请先不要公开，以免引来祸端，三十年后，自然能得遇知音。"

后来发生的事证实了苏东坡的先见之明。

他去世一年后，蔡京即拜相，元祐党人也遭遇横祸，关于苏东坡的所有文章，都成了违禁品。

崇宁五年（公元1106年）正月，汴京的天空出现了一颗彗星，随之雷电劈中"元祐奸党"碑，石碑顿时一分为二。有术士向皇帝进言，说苏东坡一死就被玉帝聘请到天宫去担任文相了。皇帝深信不疑，赶紧令人将另一块碑毁掉。

他去世不出五年，文章在京城就已价值千金。

七十年后，南宋的孝宗皇帝在临安彻夜未眠地读苏东坡，追封苏东坡为"文忠公"，并怅憾而叹："王佐之才可大用，恨不同时。"

九百多年后，流失日本的苏东坡画作《枯木怪石图》现身佳士得拍卖行，起价已达四亿港元……

而彼时，建中靖国元年的七月，苏东坡的病情却越来越严重。

七月十二日，苏东坡经历过一次回光返照。

那天，他感觉自己精神又回来了，又能提笔写作了，便写了一篇《跋桂酒颂》送给钱济明。钱济明看到，他因为可以提笔写作，眼睛里又恢复了往昔的光亮。

但到了七月十四日，苏东坡的病情又急剧恶化，他彻夜发烧，牙床出血，体力全失，药石无医。

他知道自己的大限已经到来了。

这时家人都在他的身边，钱济明每天都来看他，他曾经结交的僧人维琳也从杭州赶了过来。

十八日，他告诉亲友们，不必为他的死感到悲伤，他相信自己一辈子没有做过坏事，死后肯定可以免受地狱轮回。也不必为他哭泣，他希望可以平静坦然地离开这个世界。

南渡北归，人生一场大梦。他说："我只有一件憾事，那就是没能见到子由。"

七月二十八日，苏东坡气若游丝，已经到了弥留之际，但神智依旧清明。

亲友们都围绕在他身边。维琳则贴在他的耳边说："你现在可以想一想西方的极乐世界了。"

苏东坡低声回应："西方或许是有，但不可强求。"

钱济明也贴近他的耳边说："那你更要尽力呀。"

"尽力就不对了。"这是苏东坡留在世上的最后一句话。

按照苏东坡的遗愿，子由为他撰写了墓志铭，并将他与闰之合葬在许昌附近的嵩山。

他的门生李廌为他写下祭文:"道大不容,才高所累。"

黄庭坚大恸而哭:"挟以文章妙天下,忠义之气贯日月。"

相传百姓都在集市上相聚而哭,君子们都在家中悲痛祭奠。无论贤者还是愚人,大家都会为苏子的离世叹息流泪。

然而,纵人间万般不舍,苏东坡还是走了。

这个遍历山河的千古风流人物,这个嬉笑怒骂皆文章的士子,这个世间最有趣的灵魂,这个满心浩然正气,一肚子不合时宜的官员,终究是卸下了红尘的一身疲惫,乘风归去,化作天上的星光,与岁月同在。

是夜,仰望天空,漫天星河璀璨,穹顶如筵席。

若苍茫宇宙真有不朽英灵,想必九天之外,琼楼之间,他喜欢的庄子、陶渊明、韩愈、李白……已在那里温酒等待。

图书在版编目（CIP）数据

苏东坡传：我只是个有趣的凡人 / 纪云裳著. --
南京：江苏凤凰文艺出版社，2020.1
ISBN 978-7-5594-4279-6

Ⅰ.①苏… Ⅱ.①纪… Ⅲ.①苏轼（1036-1101）-传记 Ⅳ.①K825.6

中国版本图书馆CIP数据核字(2019)第288825号

苏东坡传：我只是个有趣的凡人

纪云裳　著

责任编辑	白　涵　刘洲原
特约编辑	李梦芸
装帧制作	北京弘果文化传媒
责任印制	刘　巍
出版发行	江苏凤凰文艺出版社
地　　址	南京市中央路165号，邮编21009
网　　址	http://www.jswenyi.com
印　　刷	北京中科印刷有限公司
开　　本	880毫米×1230毫米 1/32
印　　张	8
字　　数	160千字
版　　次	2020年1月第1版　2021年1月第3次印刷
书　　号	ISBN 978-7-5594-4279-6
定　　价	42.00元

江苏凤凰文艺版图书凡印刷、装订错误可随时向承印厂联系调换。